Potemkin on Danube

Gregory Danilevsky

Потемкин на Дунае

Григорий Данилевский

Potemkin on Danube

ISNB: 978-1-60444-883-2

Потемкин на Дунае

© Индоевропейских Издание , 2018

ISNB: 978-1-60444-883-2

ПОТЕМКИН НА ДУНАЕ

Сей остальной из стаи славной
Екатерининских орлов...

Пушкин

В одном из городов Бессарабии в минувшем году понадобилось занять под военный склад часть каменного здания, заваленного делами какой-то всеми забытой интендантской комиссии. При переноске бумаг на чердаке архива, среди разного хлама, обратили внимание на старомодную, безногую шифоньерку. В ней оказались часть разных полуистлевших фуражных дел известного в походах Суворова Фанагорийского пехотного полка и связка тетрадей из синеватой, плотной, мелко исписанной бумаги с заголовком: "Памяти российского Агамемнона". Сбоку одной из страниц приписка: "О моем, полном треволнений, примечательных встреч и событий, незабвенном пребывании на Дунае писал для своих детей и внуков секунд-майор Савватий Бехтеев".

В тексте найденной рукописи заменены лишь некоторые совсем устарелые слова,– теперь мало даже понятные, и рассказ разделен на главы.

I

...Зимой, в начале 1790 года, в Петербурге было особенно много веселостей. Не забуду я той поры до конца жизни.

Выпущенный из кадет морского корпуса во флотские батальоны, состоявшие лично при особе наследника-цесаревича Павла Петровича, я проживал в Гатчине, но нередко отлучался на побывку и в столицу. Моим батальонным был сам государь-наследник, как генерал-адмирал и президент морской коллегии; другими командовали Неплюев, Аракчеев и Малютин.

Моряки особенно любили цесаревича; но его "финанции" были нарочито не обширны, а подчас и ой как скудны. Мундирчики наши, на прусский лад короткие и темно-зеленые, были часто из перекрашенного суконца, а потому, побывав на солнце, даже притом пегие. Но мы не унывали, кое-как, хоть тесненько, "обосторожились" и в поношенной амуниции, не уступая щеголям и петиметрам, отдавали охотно дань молодости и свету. Ах, время, время, неизгладимое в сердцах и в памяти тогдашних людей!

То был двадцать восьмой год преславного государствования великой монархини Екатерины Второй. Она старалась, но не уставала в знаменитых делах. Блеском был окружен ее престол. Первая турецкая война – Румянцевская – кончилась: продолжалась вторая, Потемкинская. Мы, кадеты, собираясь на свободе о том о сем потолковать, мало говорили о громких внутренних событиях протекших времен, о заседаниях в Зимнем дворце именитой комиссии для начертания "Нового уложения", равно как о Пугачеве и укрощении его приснопамятного бунта. Зато на устах всех были имена Потемкина и Суворова, особенно последнего. Нас тянуло на Дунай, туда, где, казалось, так близко осуществление новой великой Восточной системы, сиречь бессмертного "греческого прожекта" светлейшего, изгнание турецких орд из Европы и всеми желанное воцарение на древнем византийском престоле второго внука императрицы, Константина. Так нареченный в честь последнего Палеолога, павшего при разгроме турками Византии, одиннадцатилетний внук Екатерины в то время был нарочито окружен греками. Его кормилица, слуги и даже товарищи игр были природные жители Греции. В Петербурге был в тех же целях устроен греческий кадетский корпус. И некоторые жители Эллады писывали августейшему отроку просительные письма с титулом: "Кротчайшему греческому самодержцу, Константину Третьему". Государыня в январе устроила при дворе пышную свадьбу девицы Мурузи с Комнёном и сама убирала к венцу невесту. Начинали учиться по-гречески...

Золотые, счастливые годы! Все мы тогда жили смелыми, возвышенными мечтаниями.

Был у меня товарищ по морскому корпусу, Ловцов, малый пылкий, чувствительный и одаренный прекрасным сердцем. С ним в особенности мы любили проводить время в толках о военных материях. Я был резкий, шустрый мальчик, склонный к забавам и шалостям. И воспитание наше тогдашнее, по Эмилю, было более в естественных упражнениях, в играх, беганье на свободе, в танцах и других физических забавах. Война, подвиги смелых героев наполняли мое воображение. Наш корпус находился в то время в Кронштадте. Уединенная на морском берегу липовая аллея в корпусном саду была любимым местом наших бесед с Ловцовым. Бывало, забьемся туда, усядемся с книгами или гуляем вдали от других товарищей и от начальства. Мы поделили в корпусе главных героев: одни были за смелого в боях воителя Суворова, другие – за блистательного в политических замыслах, пышного Потемкина.

По выходе из корпуса Ловцов списался с отцом и тотчас отправился в действующую против турок дунайскую армию. Как я ему завидовал и как роптал на свою судьбу, особенно когда мой друг, проездом через Херсон, отписал мне в пространной цидуле, что там на городских триумфальных, в честь Потемкина, воротах дворянством были начертаны сии знаменательные слова: "Путь в Византию". Византия! Изгнание новых моавитян и возрождение через Россию падшей и забытой империи Палеологов! Горячо билось в то время любовью к родине сердчишко только что выпорхнувшего из гнезда легкокрылого птенчика.

В Гатчине, вкруг цесаревича, было тоже пылкое настроение, хотя сам впечатлительно-чуткий и рыцарски возвышенного духа государь-наследник по невольности сдерживался. На все его просьбы государыне-матери отпустить его к храброму российскому войску, стоявшему у Дуная, последовали ясные и бесповоротные отказы с советом заниматься своим делом и ждать, "когда коснутся сего пункта".

В Петербурге, куда я "инова" наезжал повеселиться с товарищами, повертеться в театрах и на гуляньях, был заметен отменный от гатчинского и во многом несходный образ, мыслей. В ближних дворских кругах старались всеми силами отвратить помыслы монархини от продления предпринятой войны, находя то рановременным, фантастическим и якобы, ввиду французских происшествий, даже весьма вредительным для спокойствия и мирного процветания самой Российской империи.

В тайности же этою критикой подводились злые подкопы под сильного вельможу, первого тогдашнего пособника государыни, Потемкина. Светлейшему нашелся в тот именно год нежданный и негаданный соперник, юный будущий князь, тогда еще граф, Платон Зубов. Все начинало раболепствовать новому всевластному дворскому светилу, а, в сходстве того, и тайно порочить каждое распоряжение князя Таврического, к тому же от обиженной гордости, в непостижимом бездействии, мирно жившего в то время среди блестящей свиты в Яссах.

Поместье моего отца, в губернии, было в соседстве с имением Зубовых, и мы хорошо знали всю их неказистую роденьку. Ух, сильно были чванливы и спесивы и ой как жадны к власти и к почестям, а ума весьма средненького и даже простого. Наши домашние дела помешали мне проситься на Дунай. Долги отца, по поручительству за кого-то из сродников державшего винный откуп, грозили нам немалыми бедами. Но была к тому и еще одна причина.

3

Вскоре по моем выходе из кадет на зиму в Петербург приехала моя двоюродная тетка Ольга Аркадьевна Ажигина.

Поместье Ажигиных Горки было невдали от деревни моей бабушки и крестной матери, у которой я часто гащивал до поступления моего в корпус. И как я всякий раз радовался, когда бабушка, навещая соседок, возила и меня в красивую и преотменную усадьбу Горок. Дом Ольги Аркадьевны стоял у озера, на гребне далеко видного холма, весь в зелени старого, густорослого сада, сбегавшего по откосам и оврагам к воде, с боскетами, перекидными мостиками, качелями, гротами и островками.

По саду резвилась черноволосая, коротко, ежиком остриженная, в белом переднике, с карими глазками и с премилою родинкой на подбородке семилетняя Пашута, единственная дочь вдовой, хлебосольной, дородной и доброй, хотя несколько сердитой на вид Ольги Аркадьевны. Говорю – сердитой, потому что, бывало, нахмурит Ольга Аркадьевна свои черные, прегустые брови,– ну, Зевс-громовержец или по крайности арабистанский лев. А из-под бровей светятся такие ласковые, простые и сердечные глаза. Кажется, вот положит тебя, шалуна, под горячий час на широкую свою ладонь, другою прихлопнет, только мокренько станет. А она вареньем кормит, целует да пыхтит, куда делся и гнев. Ну, премилая и преавантажная была барыня. О Пашуте нечего и говорить.

Я, как теперь, вижу эту веселую, проворную и шаловливую, как котенок, резвушку. Не посидит на месте: разбросает куклы, цветные лоскутки, прыгает по стульям или вертится юлой по паркету, стоя на одной ноге. То присядет, охает, перецыганивает старую няню Меркульевну; то ураганом налетит на комоды и укладки матери, перероет все, нанесет вороха отрезок и всякого хлама и сядет с иглой у столика – куклам платья шить. Но глядишь – опять все бросила, размела, с собачкой болонкой возится, гремит или вдруг стихла, пропала, ну точно ветром ее унесло. Ищут ее под мебелью, в занавесках, на хорах, на чердаке. Ольга Аркадьевна махнет рукой – бросьте, мол, ее, непутную, знамое дело... А потом встревожится: ну, как выскочила егоза, попала в колодезь или в сугроб, собаки опять же такие злые во дворе. Пыхтит, сердится, вызывает ее: выходи, Пащутка, от дьяконицы пирожков с маком принесли, поймали на проталинке снегиря. Выскочит она из какой-нибудь норы, из-за печки, из шкафа с платьем и заливается. Но вот ей исполнилось десять, одиннадцать лет. Она все та же юла, но стала выравниваться, хорошеть. Папильотки носит, на плечиках модести, а с кошкой спит, пеленает ее и водит в каком-то вязанном из гаруса уморительном колпаке.

Я был тремя годами старше матушки троюродной сестрицы, Прасковьи Львовны, и не скроюсь в том, когда ей исполнилось двенадцать лет, стал очень к ней неравнодушен. В деревне чего у нас не бывало: умильные переглядывания при больших, вздохи, поднесения цветов и нечаянные встречи в боскетах да в тенистых, дремучих аллеях, а раз где-то на мостике, искусно перекинутом через шумящий ручей, даже и нежданно сорванный, весьма перепуганный поцелуй – словом, амурные мистерии по всей форме. Расстались мы на время, как бы накоротке, а случилось весьма надолго, почти на семь лет. И как я досадовал, что, отправясь в корпус, не предвидел столь долгосрочной разлуки!

В день последнего отъезда из Горок – это было осенью – Ажигина садила разный лесной молодник в своем саду, и мы с Пашей на память тоже посадили в цветочной клумбе, перед домом, молоденький, в пол-аршина, дубок.

Троюродная сестра Пашута под конец деревенской моей жизни тем особенно стала меня занимать, что вообразилась мне, по ее, впрочем, словам, какою-то непризнанною, таинственной жертвой у матери,– Ольги-то Аркадьевны!– добавлял я себе впоследствии. "И не любят-то ее как следует, варенья мало дают – зубы испортишь,– и по-французски Ломбнда все велят учить, а он такой противный; в чулках и в переднике репейников нанесла с огорода, всю дымковую кисейную юбочку искромсала в поспевшем крыжовнике; бегаешь, как мальчик-сорванец, по сырости, горло застудишь; в чернилах не токмо персты, даже весь нос, писавши урок, перекрасила". И как, бывало, встретимся где в закоулке, шепчет Пашута на мамашу, да так всерьез, как что важное, по тайности, сдвинет брови, оглядывается и грозит, чтоб не проговорился. Тогда я не понимал причины тех шептаний, а после их относил к пересудам какой-либо долгоязыкой, некстати ластивой приживалки либо к раннему чтению любовных рыцарских и всяких романов, которые Пашута бирала у матери и тайком читала в своей горенке. Рыцари спасали героинь из-за заперти, из неприступных вышек: ну и Пашута быстрыми, вглядчивыми глазками искала в Горках своего рыцаря. Помню последнюю нашу встречу в деревне. Был теплый осенний день. Посадив на клумбе среди цветов дубок, мы побежали под горку, к гроту. Паша села на качель. Я взялся за веревку и стал ее покачивать. Как теперь, ее вижу – в косах, в голубом коротком платьице и в панталончиках. Она задумалась. Ленты кос и передник развеваются.

– О чем, Пашута, думаешь?

– Ах, сказку о жар-птице, о грифах вспомнила. Точно сижу на грифе и лечу – лечу... земля, пруд, Горки и ты сам, точно дым, виднеются из облаков...

Хлопотливая и шумная корпусная жизнь мелькнула для меня незаметно. Пока бабушка была жива, я нередко писывал к ней и повсегда слал поклоны "соседкам", спрашивая о здоровье троюродной сестрицы, о гротах, ее любимой кошке и о посаженном дубке. Баловница-бабушка, сама имевшая в жизни немало, как она говорила, амурных "гисторий", покровительствовала моему настроению. Через нее я препровождал "матушке кузине" собственного переписывания, с виньетами, романсы для пения Беллиграцкого, модные марши для фортепьяно Сарти, а иногда и преловко подобранные, иносказательные, с акростихами, куплеты. Пугала, бывало, бабушка.

"Представь, mon bijou[1],– писывала она.– В твою-то Лаису сердцеед и псовый охотник, один штык-юнкер, наш сосед влюбился. Везде-то он, mon coeur, мотается, где только ляжет ее следок; не пускают шаматона к Горкам на пушечный зык; так он, Dieux la garde[2], ночи напролет снует, по луне, верхом за озером и трубит в охотничий, большущий рог, подает о себе голос..."

Со смертью бабушки сведения мои об Ажигиных прекратились. Домой о них я не решался писать. Там знали о моем детском волокитстве; я же старался казаться теперь степенным и возмужалым. А где там степенность! Время, впрочем, взяло свое. Классные занятия, экзамены, выпуск в офицеры, обмундировка, новые товарищи и нешуточная строгая служба в Гатчине с веселыми побывками в столицу – все это мало-помалу незаметно изгладило мои деревенские впечатления, особенно урывки в Петербург.

Не было сверстника более меня в те годы падкого до всяких проказ и холостых кутежей. Рослый, статный, румяный, голубые глаза с поволокой, русая коса и букли в пудре и распомажены, надушен, находчив, весельчак, танцор и хохотун. Ах, где вы ныне, те прошлые, давние годы? Природная, вечная пудра посеребрила голову... "Кто будет на конском бегу? Бехтеев будет? Ну и мы там!" – бывало, решают товарищи. Театр, охоты, танцев, попойки без меня и не затевали. Где Бехтеев, там и жизнь, смех, пляс и всякие веселости. Попадался я и в разных превратностях: раз, побившись об заклад, в женском платье забрался я к вечерне в девичий престрогий пансион; в другой – проигрался в карты в Преображенском полку и, спустив на отыгрыш шубу, доехал обратно в Гатчину по морозу, зарывшись в одном мундирчике в чухонский воз с соломой. Были – впрочем, больше для виду – и волокитства за цыганками; но тощий кошелек не довел ни до чего серьезного.

Приезд Ажигиных меня переродил.

Нечего говорить, как я обрадовался, когда в Гатчину до меня дошла

---

[1] Бесценный мой (фр.).
[2] Спаси Господи (фр.).

весть из дому, что Ольга Аркадьевна решила провести зиму 1790 года в Петербурге. Матушка писала, что причиной тому было желание Ажигиной закончить образование уже взрослой дочери по музыке, танцам и рисованию, а вернее, чтоб дать своему "милу дружку Пашуте" случай побывать в столице. Да и как было не соблазниться! Здесь жила великая монархиня и был двор, и сюда всяк стремился тогда из глуши деревень взглянуть на новый мир и на модные столичные забавы. "Выйдет замуж, не до того будет,– сказала, навестив матушку, Ольга Аркадьевна.– Пойдут дети, муж не повезет; теперь сама еще, пока девка, владыка. Надеюсь, и ваш Савватий Ильич, как добрый знакомый и истинный кавалер, навестит нас".

Урожай хлеба и трав был в то лето в наших местах вообще изрядный, цены на сельские припасы стояли хорошие. Ажигина списалась с Цинклершей, своей кумой, бывшей в Петербурге за экономом Смольного монастыря, наняла у Николы Морского недорогую, по приличию и по своему рангу, квартиру, чистую да укромную, отправила вперед нужные вещи и часть дворни, а сама переехала в столицу в начале января.

Помню, как билось мое сердце, когда, по отписке родительницы, я приехал из Гатчины и вошел в посеребренный от инея палисадник одноярусного, с антресолями и верхним балконом, деревянного дома Никольской попадьи.

Старый буфетчик Ермил, сидя в преогромных оловянных очках и с чулочными спицами в руках, не узнал меня в передней. Да и где было узнать в "стоярослом", плечистом, с завитою в буклях косой флотском офицере былого неотесанного деревенского барчонка, камлотовые штиблеты и бумазейные камзолы которого кроились и шились не руками столичного первого портного Миллера, а седого крепостного закройщика Прошки.

Знакомые по Горкам столовые, семилоровые, с звонками и с музыкой "нортоновские" часы тетушки пробили полдень, когда я, оправясь в передней у зеркала, взялся за ручку зальных дверей. За ними слышались мягкие, нежные звуки клавесина, а им вторили порывистые, как бы нетерпеливые трели скрипки. Я вошел.

Дородная, несколько поседевшая тетушка, в белом утреннем пудромантеле и в чепце на неубранных волосах, с недовольством глядя в ноты, сидела за клавесином. А среди комнаты в светло-кофейном кафтане, на жирных, прудастых, ловко изогнутых ножках, в позиции, готовой на легкокрылый прыжок, стоял румяный, с строгой мордочкой старчик, танцевальный француз-учитель. Он вправо и влево размахивал скрипицей, нетерпеливо топал ножкой по полу, ударял смычком по струнам и собственными преуморительными, на женский манер, выгибаниями и приседаниями сопровождал плавные шассё, плие и глиссады своей ученицы. Как теперь, вижу эту картину, хотя тому прошло столько долгих, незабвенных лет.

Чуть взявшись концами пальцев за слегка приподнятый, серо-дымчатый кисейный подол и гордо-рассеянно откинув красивую, с невысокою, a'la Filus, прической голову, плясунья покачивалась, делая фигуру гавота в тот миг, как я вошел.

Меня увидали. Крик, шум, объятия, приветствия, расспросы. Танец брошен. Я остался обедать – и весь вечер.

В возмужалой стройной девушке с деревенским здоровым загаром и с высокой крепкой грудью я в силу спознал былую резвушку Пашуту, с которой когда-то вел детскую дружбу в хоромах и боскетах Горок. Большие карие глаза смотрели прямо и смело. Тонкая улыбка не сходила с подвижного лица. Пока мы говорили с Ольгой Аркадьевной, она рассеянно взглядывала то на меня, то на покрытые морозными узорами окошки, за которыми слышались бубенцы и санный гул проносившихся по наезженной голо-ледке городских саней.

– Весело вам здесь, сестрица? – спросил я Пашуту, когда мы остались вдвоем.

– Как вам сказать? – ответила она.– Для чего ж и приехали? Веселому жить хочется, помирать не можется.

– Вам ли думать о смерти?

– Да, так весело жить,– улыбнулась она,– смех тридцать лет у ворот стоит и свое возьмет.

– Любо вас слушать, не горожанка. А уж матушка лелеет вас и, чай, ласкает? Одна ведь дочушка у ней...

– Еще бы! Она такая славная.

– Выезжаете?

– О, да! В операх, балетах были.

– А знакомых приобрели?

– Зачем? Нам и без них приятно.

Вижу, сдержаннее стала, не идет, как прежде, на откровенность.

– Ну, Савватий Ильич,– сказала мне после первых двух-трех заездов Ольга Аркадьевна,– ты ведь роденька, хоть и не близкая, да по сердцу. Я начистоту. Стыдно будет забывать тетку и сестренку. Уважь, почаще наведывайся к деревенщине, провинциалкам. Руководи, указывай Паше, что и как. Замок да запор девку не удержат. Ведь тебе все эти деликатесы и финёссы как на ладони. Хотим поучиться да взглянуть на здешние вертопрашества. У вас тут всякие моды, карусели, куртаги, балы...

– Что ж, тетушка, с Богом! Раскошеливайте горёцкие похоронки. Для кого ж и припасали?

– Так-то, так, голубчик. Да ой как здесь все дорого. Помоги, племянничек! Нельзя ли, понимаешь, уторговать, подешевле добыть тех и этих ваших всяких диковинок. Вот хоть бы модные магазейны,– вздохнула и тоже оглянулась Ажигина,– да опять и эти ваши мастерицы... Шельма на шельме! Была я у Лепре и у Шелепихи на Морской... Ах, душегубки, ах, живодерки! – прибавила Ольга Аркадьевна, закачав головой и даже зажмурясь.

– Maman, finissez[3],– перебила ее, полузакрывшись веером, Пашута.

– Что finissez? Что ты понимаешь да мигаешь? Правду ведь говорю, а родня, и притом вежливый кавалер, ну и не откажет. А девичье терпенье – золотое ожерелье...

Как мне ни было досадно и даже горько, что меня Ажигины почитали за родню, тем не менее скрепя сердце и охотно я им пособил, где мог. Ездил с ними к Шелепихе и к Лепре, мотался по магазинам, по театрам и катаньям.

"Ожгла меня вконец эта Ажигина",– говорил я себе, не на шутку чувствуя, что с первой же встречи снова стал прикован к милому когда-то предмету. Куда делись гоняния с товарищами, пирушки и сильная в то время картёжь... Настали заботы о костюме – в порядке ли он, разоденешься, ни пылинки, на ямскую тройку – и в Петербург. Сперва по праздникам, а там и в будни, при случае, стал я неотменно ездить из Гатчины к Николе Морскому. Особенно любил я заставать Пашу по-домашнему, в корнете, то есть в распашном капотике. Привозил матушке сестрице новые французские книжки и гравюры, гамбургские и любекские газеты и модные ноты. Забьемся в ее горенку, она с ногами на софе, а я ей рассказываю. Читал с нею, рисовал и писал ей в альбом, а с Ольгой Аркадьевной играл ради забавы в фофаны и в дурачки и толковал о придворных и гатчинских новостях.

– Приезжайте, милый Савватий Ильич,– бывало, шепчет Пашута на расставанье,– в четверг опять концерт Паэзиелло; уговорите мамашу; ах, как хорошо пел вчера придворный хор.

Не совсем-то приходились мне по душе чрезмерные выезды и увлечения Пашуты столичными веселостями и обычаями, а она от них была без ума.

– Молода, вырвалась из деревенской глуши! – оправдывал я сестрицу перед ворчавшей иногда ее матушкой, а сам вот как ревновал ее и к концертам, и к итальянским операм, и ко всякому выезду из дому.

"Время образумить и обратить ее к тому, кто не наглядится на нее, не надышится! – утешал я себя, провожая Ажигиных в экипажах в театр или

---

[3] Мама, прекратите (фр.).

9

пешком гуляя с нарядной кузиной по Аглицкой набережной.– Пусть упивается забавами, пусть щеголяет и веселится. Она вспомнит прошлое, оценит мои чувства, и счастью моему быть недалеко".

II

Столичные веселости были в полном разгаре. Публика сходила с ума от нового балета "Шалости Эола". Всех пленяли в этой истинно волшебной пьесе танцовщики Пик, Фабиани, Лесогоров, особенно ж первые тогдашние балетчицы Сантини, Канциани, Настюша Берилева и Неточка Поморева. Несколько раз мы посетили этот балет, как и славные комедии "Недоросль" и "Школу злословия".

Русская вольная труппа Книппера, игравшая в театре Локателли, у Невы, на Царицыном лугу, поставила в тот год комическую и презабавную оперу "Гостиный двор" – слова и музыка Михаилы Матинского, крепостного певчего графа Ягужинского. Весь город перебывал в этой опере, где роль жениха уморительно до слез играл московский актер из мещан Залышкин. Мы дважды были в этой опере, последний раз незадолго до масленой, в день рождения Ольги Аркадьевны. Сама она после театра разболелась зубами, подвязала к щеке подушечку с ромашкой и не вышла к чаю.

Пашута, накинув на корнет теплую кацавейку, осталась одна со мной в гостиной. Толковали мы о том о сем, перебирали игру актеров, общество, которое видели в партере и в ложах. А после нескольких раздумий, вздохов и пауз я, под влиянием вечера, проведенного в такой близости к несравненной, не мог более стерпеть.

– А помните ли, сестрица, Горки, прошлые времена? – спросил я, помолчав.

"И зачем я назвал ее сестрицей?" – спохватился я тут же в досаде.

– Как не помнить! – отвечала она, откинувшись в кресло.– Детские, милые увлечения.

– Помните Ломонда?

Она кивнула мне головой.

– Жива Меркульевна?.. Здравствует кошка? Цел, жив дубок?

Нежная улыбка была мне ответом из глубины заслоненного от лампы кресла.

– Ах, несравненное время! – произнес я.– Тогда ничто не мешало, так близко был мой рай...

Сказав это, я спохватился и не смел поднять глаз. Но как было выдержать? Мне вспоминались не раз сказанные кузиной похвалы вечерам в Смольном у кумы ее матери, где Пашута то с тем плясывала, то с другим из известных в городе щеголей, превознося их любезности, ловкость и вежливо расточаемые залетной провинциалке комплименты. Я ждал, что объявит Паша на мое признание?.. Она молча протянула мне из-под кацавейки руку и, когда я коснулся ее поцелуем, сказала мне: "Какой вы славный, добрый, Савватий Ильич, с вами так отрадно..." И только...

Через день мы гуляли с Пашей по набережной вдоль Невы. Мостовая была скована морозом. Лихие рысачники проносились мимо нас, лорнируя мою сопутницу в преогромные, вошедшие тогда в моду лорнеты.

— Ах, голубчик Савватий Ильич! — сказала она, скользя легкой походкой.— Как весело! Вот жизнь! Ну как бы я хотела быть богатой...

— И зачем особое богатство? У вас ли с матушкой нет достатка?

— Нет, не то, не то...

— Родовая ваша вотчина первая в уезде,— продолжал я,— как устроена, прилажена, и все для вас...

— Нет, скучно в деревне, глушь, пустота! То ли здешние люди, как обворожительны. Эта пышность, роскошь, жизнь бьет ключом... Экипажи какие, смотрите. Утром – свиданья, визиты... ах, прелесть!.. Что ни вечер – танцы, балы. Деревня... да кто же возьмет меня, хоть бы с нашими постылыми Горками?

— Прости, мое божество,— сказал я тихо, прижавшись к Пашуте,— есть один – ужли его не угадаешь? И если не богат он достатком, зато искренним, горячим чувством. Он давно, давно у твоих ног...

Паша ни слова не ответила, только, склонившись, шибче пошла. Вечерело. Снег срывался и падал в тишине легкими хлопьями.

— Что ж ты ответишь тому человеку? — спросил я, заглядывая в лицо моей сопутнице.

Она молча прошла улицу, другую. Стала видна их квартира. Вдруг она остановилась, обернулась ко мне. Грудь ее прерывисто дышала. Во всю щеку заиграл могучий ажигинский румянец.

— Не обманывает тот человек? — спросила она, пристально глядя на меня.

— Клянусь, он говорит от сердца.

— Ну так не беда,— ответила она,— не богатый варит пиво – тороватый; дождик вымочит, солнце высушит. Кто принесет тучу, тот принесет и вёдро. А ему открой, что ответу быть через две недели... тогда и приезжай.

— Отчего ж не теперь? Паша, Пашута...

Она вырвала руку и легкой козочкой вбежала на свое крыльцо.

Я опьянел, обезумел от восторга. "Вот скрытница, плутовка, как мучит. Да недолго сомневаться, ждать. Будет и на нашей улице праздник". Я потерял спокойствие, сон. Что ни день с полковыми оказиями и по почте начались пересылки из Гатчины нежных, на цветной раздушенной бумаге, грамоток. Я исписывал целые страницы, справлялся о ее занятиях, здоровье, ревновал ее. "Верно, другой счастливец нашелся? – изливал я горе в письмах.– Оттого, знать, и медлишь... Много красавцев в Питере. Откройся, скажи, кто тебя пленил?" "Много хороших, да милого нет,– отшучивалась в ответах Пашута.– Сватались к девушке тридцать с одним, а быть ей за одним".

Не утерпел я, примчался из Гатчины через неделю. Хотел осыпать Пашу укоризнами, а она ко мне с вопросом:

– Получил приглашение в Смольный?

– Какое приглашение?

– Бал-маскарад у мадам Цинклер. Вчера тебе послано.

– Ни за что не поеду,– сказал я.

– Пустяки, какое детство. Там весело будет, натанцуемся, наговоримся.

Я отступил шаг, выпрямился.

– Прасковья Львовна,– сказал я торжественно,– сегодня я приехал, чтоб с вашего согласия сделать формальное предложение Ольге Аркадьевне.

– Ах, нет, нет, не теперь,– зажала она мне рот,– после бала – ну прошу тебя,– после, чтоб мама не догадалась.

– Но какая причина? Разве не веришь, не любишь мамашу?

– Ах, люблю и верю, но лучше молчи теперь, молчи. Там, на вечере, будем свободны, ничем не связаны; понимаешь, воля? – досыта нашалимся, набесимся. Ты, смотри, как я писала, достань латы и шлем, с перьями,– я буду испанской цветочницей... Для всех тайно, и вдруг после... ах, как весело... мамаша-то удивится... ну, милочка, помолчи теперь. Согласен?

Тихий ангел пролетел между нами. "Ребенок! – подумал я.– Страсть к тайне, к секретам. Вешние воды, девичьи сны. Это те же романы, читанные в сельской тиши".

– Согласен, но с одним уговором,– ответил я.

– С каким?

– Поедем кататься.

– Охотно. Мамаша, дайте нам буренького,– сказала Пашута входящей матери.

Ольга Аркадьевна была с утра что-то не в духе; египетский модный пасьянс ей не удавался. Она крикнула Ермила, велела запрячь нам санки, и мы помчались.

12

Никогда не изгладится из моих воспоминаний эта поездка. Мы неслись по Фонтанке.

— Знаете, mon cousin, чей это дом? — спросила, оглянувшись за Измайловским мостом, Пашута.

— Как,— говорю,— не знать! Дом графа Платона Зубова.

— Тут и младший его брат, граф Валерьян, проживает,— сказала она,— какой красавец...

— Щеголишка, пустохваст! Где, кстати, его ты видела?

— Показывали намедни в опере...

— Пожалуй,— заметил я с улыбкой, сам между тем вспыхнув,— еще, может, чей-нибудь риваль? Ты изменишь... он твой супирант...

— Вот глупости, совсем этот Валерка, сказывают, ребенок, ну, ей-Богу, как девочка — и щеки с пушком, и в ухе брильянтовая серьга. Ха-ха... Я без смеху на него не могла смотреть. Видел ты его?

— Нет, не видел,— отвечаю, а кошки под камзолом так и скребут,— да и не жалею; первый шалбёрник, верхохват. Хороши нравы; недавно, слышно, с гусарской ордой, человек полсотни, с песенниками, барабанами, ложками и трещотками ночью подошел к дому одной молоденькой вдовы и так ее перепугал своей серенадой, что та чуть от страху не умерла... Что им, лишь бы попойки, обиды женщин, кутежи!

Полагаю, что, говоря это, я и бледен стал в те минуты. А Паша смеется, тормошит меня за руку.

— Ну какой он тебе соперник,— ты человек, а то девочка какая-то, херувим из леденчика.

Только и сказала; но не раз вспоминал я впоследствии те слова. Миновали мы Аничков двор, увидели Екатерину, с серенькими ливрейными лакеями катившую в возке по Невской перспективе, выехали к Летнему саду. Петровские дубы и липы стояли в морозных блестках.

— И наш дубок когда-нибудь вырастет, будет таким же,— сказала Пашута, кутая в шубку лицо.

— Велик ли стал? — спросил я.

— Да виден уж из цветов. Туго тянется он вначале, зато перерастет потом все дерева, всю мелочь.

Я обхватил Пашу. Бурый конь, фыркая, вынесся на лед, полетел по широкой Неве.

Не за горами был и условленный срок для объяснений с Ольгой Аркадьевной. Жаль мне было думать в заезды мои, что она ничего не знает. Бывало, сидит, мудреный свой пасьянс раскладывает и, глядя на Пашуту, будто думает: "Золото мое, когда же я тебя пристрою и дождусь ли той счастливой поры?"

Накануне указанного мне дня был назначен тот именно бал-маскарад у жены эконома Цинклера в Смольном, куда меня так звала Пашута. Подобные вечеринки в самом здании учреждений, носивших смиренный титул монастыря, были в те годы не в диковинку. Составлялись они как бы с доброю целью: дать лучшим питомицам старших курсов в присутствии классных дам провести время и повеселиться не токмо с подругами, но и с родными, знакомыми подруг. Сюда допускались меж тем и кадеты выпускного разряда, а с ними, по протекции, пробирались гвардейцы и иных полков офицеры.

Цинклерша, познакомив Пашуту с начальницей Смольного, генеральшей Лафон, добыла разрешение на свой вечер и для меня. Предполагались игры всякого рода, фанты, пение, потом танцы в характерных костюмах с монастырками. Я, разумеется, спроворил себе желаемый наряд в лучшем виде – достал его, через товарищей, из балетной гардеробной. Все уладив и приспособив, я стал с замиранием сердца ждать субботы, на масленой, когда должен был состояться предположенный бал.

И вдруг – хлоп повестка, явиться к ротному. Я нацепил шпагу, оделся в полную форму и пошел. Встречает с тревожным видом.

– Слышал?

– Нет, ничего не знаю.

– Шведы-то...

– Что ж они?

– Экспедицию флотом готовят против нас к весне.

– Ну не поздоровится им,– сказал я.

– Я и сам так думаю. А между тем вот ордер генерал-адмирала. Повелевается тебе от цесаревича немедленно взять ямских и ехать секретно с этими бумагами к начальнику русского отряда Салтыкову в Выборг.

– Когда ехать?

– Сейчас.

– Вот тебе и масленая,– не утерпел я не сказать.

– А что ж, попроси в штабе фельдъегерскую, еще успеешь захватить конец блинов.

– Да нельзя ли замениться, попросить кого?

– Ну, не советую. Знаешь порядки его высочества, не любит он со службой шутить.

Огорчила меня эта весть. Делать нечего. Справил я себе фельдъегерский плакат и полетел, даже Пашу не известил,– думаю, успею к субботе. Для того по пути в Петербург бросил на постоялом и припасенный маскарадный костюм. А дело вышло иначе и совсем плохо. Салтыкова в Выборге я не застал: он пировал на блинах у знакомца из

14

окрестных помещиков. Пока я съездил туда, вручил ему секретные бумаги, вернулся с ним в город и выждал, когда тот всем распорядится, напишет и вручит мне по форме ответ, без коего мне возвращаться не дозволялось,– не только кончилась масленая, но и наступил первый день поста. Как я сел опять в сани и как проехал в

Петербург, где уже и остановиться мне было жутко, того не припомню. От огорчения – стыдно признаться – я не раз принимался плакать на пути.

Приезжаю в Гатчину, отдаю по начальству рапорт о поездке и бумаги, а сам думаю: "Когда-то еще шведы вздумают к нам в гости, а меня лишили вот какого удовольствия". Повертелся я на квартире, зашел кое к кому из товарищей, слышу – странная какая-то история случилась в столице. Слух прошел, что какие-то повесы в Петербурге, наняв ямскую карету, произвели похищение некоей, благородного и уважаемого дома, девицы. Молва прибавляла, что ее предварительно опоили каким-то зельем, от коего она чуть не умерла, и что полиция, бросившись искать похитителей и похищенную, наскочила на такие лица, что поневоле прикусила язык и тотчас должна была прекратить дальнейшие розыски. Разумеется, толковали об этом, как всегда поначалу, в неясном и сбивчивом виде, и я сперва не обратил на эти россказни особого внимания. Одни из рассказчиков были за смелых и ловких сорванцов, другие – за жертву их обмана.

Но зашел я к нашему батальонному лекарю. Это был близорукий и страшно рассеянный немчик из Саксонии, по фамилии Громайер, общий друг и поверенный в делах. Он через минуту забывал, что ему говорили, а потому никто его не боялся и все с ним были откровенны. Умея отменно клеить из картона коробочки и укладки, он, кроме горчичников, ревеня и какого-то бальзама на водке, почти не употреблял других медикаментов. И меня он, на гатчинской скуке, не раз принимался учить искусству клейки. Но мне это показалось тошнехонько, но я заходил к нему более почитать "Вольного Гамбургского Корреспондента", который он выписывал на сбережения от жалованья. Я застал его за чтением какой-то цидулки.

– Грубияны, варвары, готтентоты! – ворчал он, пробегая немецкие строки петербургского коллеги. И когда я спросил, в чем дело,– он, замигав подслеповатыми, огорченными глазами, протянул мне письмо, средина которого начиналась особым заглавием: "Новая Кларисса Гарло".

С первых строк, в которых излагалось событие, занимавшее город, я вздрогнул и чуть не лишился чувств: передо мной мелькнули знакомые имена. Похитителями оказывались граф Валерьян Зубов и его родич и наперсник во всех его похождениях Трегубов, а похищенной – девица

15

Ажигина. С трудом дочитал я мелко исписанные страницы, спокойно, по возможности, произнес несколько незначительных слов и поспешил уйти от лекаря. Тогда только я понял замешательство и сдержанность некоторых товарищей, бывших в последний день масленой в Петербурге, с которыми мне привелось перемолвить о новой столичной авантюре. Я затаил на дне души роковое открытие и, сгорая нетерпением, стал молча ожидать поры, чтоб, не показывая своего настроения, под благовидным предлогом вырваться из Гатчины в Петербург.

Желанный случай настал. На второй неделе поста надо было ехать с заказом в интендантстве кое-какой батальонной амуниции.

Доныне ясно помню чувство, с которым я подъезжал к недавно еще дорогому и волшебному для меня приюту в доме попадьи у Николы Морского. "Если я так долго не навещал тетушки,– мыслил я,– то и она хороша; хоть бы строкой в таких обстоятельствах откликнулась. Значит, я не нужен, лишний стал. Посмотрим, чем оправдают свое приключение".

Я позвонил в заветный когда-то дверной колокольчик.

Ко мне вышла незнакомая, в лисьей душегрейке, старая женщина. То была, как я потом узнал, хозяйка дома.

– Госпожа Ажигина дома? – спросил я.

– Обе выехали.

– Куда? Давно?

Лицо ли, голос ли мой выдали меня, старуха поправила на себе душегрейку и, глянув как-то вбок, объяснила, что ее бывшие постоялки, получив некоторые неотложные письма из своей вотчины, снялись и на первой неделе отбыли восвояси.

– Так и дочь? – спросил я почему-то.

– И барышня,– ответила попадья, как бы думая: "Бедный ты, бедный, проглядел, а без тебя вот что случилось".

Я бросился к знакомым, в полицию, побывал в Смольном. На мои расспросы, даже глаз на глаз, все отвечали нехотя и полунамеками. В зубовском доме швейцар объявил, что граф Валерьян Александрович выехал в Трегубовское, тверское, поместье, на медвежью и лосью охоту, и вернется не ближе середины поста.

В тот же вечер я снова завернул к Никольской попадье.

– Да вы не племянничек ли Ольги Аркадьевны?– спросила она и, когда я назвал себя, пригласила зайти к ней.

Что я перечувствовал, видя те самые горницы, хоть и не с той обстановкой и мебелями, где еще так недавно длились мои блаженные часы, того никогда мне не выразить. Вот зала, где стояли горёцкие клавесины и где, освещенное ярким зимним солнцем, я увидел в памятное утро мое божество. Вот гостиная, где проведен вечер после оперного спектакля. Каждый уголок напоминал столько пережитых впечатлений, ожиданий, надежд.

Попадья усадила меня, откинула оконную занавеску и в сумерках указала через канал на противостоящий высокий дом.

– От тебя, сударь, нечего таить,– сказала она,– ты свой и пожалеешь бедняжку. Тут они, шалбёрники, и устроили свою западню.

– Так действительно был обман, засада? – спросил я, чувствуя, как кровь бросилась мне в лицо.

– Был их грех, да и она не без вины.

– Это надо доказать, не верю! – вскричал я, вскакивая.

– Что ты, что! – остановила меня за руку попадья.– И себя, государь мой, и меня навеки погубишь. Не знаешь нешто, что за люди?

– На них суд, гнев государыни. Я добьюсь, не все же станут прикрывать.

– Веников, батюшка, много, да пару мало. А и в доброй тяжбе на лапти не добьешься.

– Так я заставлю их самих.

– Слушай лучше. Тетушка твоя добрая, да извини, не в пронос молвить слово, высоко несется и баламутка порядочная... Не наше бабье дело, а прямо скажу: ейная куда во всем первая доводчица и погубителька. Трегубову да графчику Валерьяну она другую из монастырок готовила, а вышло вон что. Видишь окошко? В нем они, треклятые, и караулку свою в скрытности устроили. Сняли там горницы, да и ну силки раскидывать. Что за оказия, как ни взглянешь, маются все какие-то молодчики. Мало ли всяких наянов, и невдомек. Знаками все – то прямо с книжкой сядет, то боком, будто читает; а вечером свечи – две-три на подоконнике, было и больше. И все-то по условию были разные обозначения, потом пошли и цидулки...

– Как? Переписывались? – спросил я.

– Ну что опять вскинулся? Точно и твоих там не было! Не диво, что девка амурные грамотки пишет; коза во дворе, козел через тын глядит. Лишь бы сама пара перье свое берегла.

– Что же вышло и как все случилось? – спросил я.

– Надавали глуп-человеку всяких обещаний, да притом и клялись. Она не верила, не подпускала их близко. Только все порешилось на той самой маскараде, у кумы, куда она ряженая ездила плясать. Бесом началось, бесом и кончилось. Ждали случая с смолянкой, одной княгинюшкой; начальница, видно, догадалась и той не пустила на вечер. Они же сыпали приманку недаром и подкатили саночки Ажигиной...

– Как? Стало, она,– спросил я,– по своей охоте?

– Не разберешь. Весь вечер скучала, как в воду опущена – ни в игры,

17

ни в танцы. Мать измаялась от духоты, уехала раньше, девицы же стали просить, она дочку на куму оставила. А при разъезде оттерлась Паша как-то в суете, кинулись ее искать – и след простыл. Кучер с Ермилом подали карету – нет барышни. Укатили в другом экипаже, где лакей и кучер были переодетые господа.

Боже! Настрадалась я,– продолжала рассказчица,– вчуже глядя на твою тетку, как объявилась эта пропажа. Сперва охала она, трепыхалась все, будто путного чего ожидала, а сама глаз с икон не сводит, ночи напролет молится. То туда, в город, метнется, то сюда. Ничего не добиться: все заслонилось, точно в потемках. "Как полагаете,– спрашивает,– где и когда обвенчались?" – "Да почему,– говорю,– думаете, что был венец?" – "Как почему? Клялся ведь, принцессой божился сделать, всех озолотить".– "Свадьбой, сударыня, не таки,– говорю,– дела кончаются, а вы бы, милая барыня, шкатулочки да сундучки ее перерыли, не было ль какой нерезанной в письмах передачи?" Она смолчала, заперлась на замок и тут-то вдоволь, злосчастная, напилась полыни.

– Что ж в тех письмах?

– Твои ничего, и она вот как жалела, что ничего о тебе прежде не знала. А те сорванцы прямо как дурманом опоили простоту. Родителька-де твоя все дитей тебя считает; взаперти, мол, экую красотку-королеву держит, удаляет от хороших людей. И уж не упомню всего... Да! Вот еще... Нынче свет-де уж не тот; пренебреги старьем да ветошью, брось постылый затвор, ключ, мол, тебе даден от железной двери – ужли его кинешь? Ах, душегубы... Будь ироиней, а не монашкой. Вот голубка-то белая и стала ироиней, попала в сеть...

– Вы сказали,– заметил я,– что Ажигины вдвоем вернулись в деревню? Как же так, откуда взялась дочь?

– А уж это, сударь, завсегда так-то с нашею сестрой,– заключила попадья,– на то наша мудрость да вера в мужчинские слова... И конец бывает, куда как не по клятвам и божбе. На другой день слышит твоя тетка, что беглянка в скрытности объявилась у кумы. До утра только и была в отлучке. Пешая прибилась рано по холоду к заставе, а дальше подвезли ее охтенские дровяники. Как повидала ее Ольга Аркадьевна, так и с ног пала. Что ни спрашивали Пашу, ничего не открыла, ни слова не сказала. Легла ничком в подушку да так три дня лежала без пищи и сна, только вздыхала глухо да плечиками от слез подергивала. Съездила с ней Ажигина к Скорбящей, отслужила молебен и увезла ее молчком в деревню...

– Где же была Прасковья Львовна?

– Никто не знает. Думают, увезли ее на дачу графа, да испугалась она либо опомнилась и как-нибудь урвалась...

"Опомнилась, легко говорить! – подумал я.– Прощай навек, Пашута!" Поблагодарив рассказчицу, я возвратился в Гатчину на себя непохож. Хотел писать к Ольге Аркадьевне, к своим,– рука не бралась за перо. "Изменила ты мне, на кого променяла мою приверженность, любовь?– размышлял я вне себя.– Какой урок! Но те-то изверги, злодеи? Ужли на них и расправы нет? Но кто вмешается, чье право? Брат одного из них в какой силе; у другого связи, богатство... Да и пошла ведь она охотой..."

И ударился я раз ночью, как теперь помню, в слезы; так плакал, так, что сам спохватился: это что же? Ан возмездие и вот в руки.

"Кому ж и мстителем быть за беспомощную девушку,– сказал я себе,– как не мне, если не по разбитому сердцу, хоть бы по одному родству?" Распалился я этими мыслями так, что думал, думал и решил опять ехать в Петербург. В то время и в голову мне не приходило, что из того может выйти, в какие обстоятельства я буду поставлен и куда занесет меня нежданная, негаданная судьба.

Была весна. Наступил май. В Петербурге стало зело неспокойно. Шведы объявили нам войну. Сперва на это мало обращали внимания. Но вдруг прошел слух, что шведский флот вышел из Стокгольма и пустился на поиски нашего. Гатчинских морских батальонов еще не требовали в поход. Они неотлучно находились при резиденции наследника. Донесения об эволюциях стокгольмской эскадры меж тем приходили все тревожные и, наконец, стали тут и инде тараторить, что их дерзостные намерения могут вскоре нанести грозу и самой резиденции великой российской монархини.

В такое-то время, после долгой отлучки, я навернулся в Петербург, куда надо было съездить за приемом батальонной амуниции.

III

Это было двадцать третьего мая 1790 года. Задержанный интендантскими непорядками, я заночевал в Петербурге и приблудился на заезжем дворе, на Морской, от грома нежданной и весьма внушительной пушечной пальбы. То шведский флот, прорвавшись мимо Свеаборга и Ревеля и открыв бомбардировку по нашему, с утра начал сражение близ Кронштадта, защищаемого адмиралом Крузом.

Изумленный город высыпал на улицы. Лица всех были бледны и встревоженны. Всяк спрашивал и никто не знал, на что надеяться и чего ожидать. Все робко поглядывали поверх крыш, не летят ли чиненые бомбы.

Я за другими вышел на адмиралтейскую площадь. Стекла дворцовых окон приметно вздрагивали от повторительных залпов, раскатисто и гулко доносившихся от взморья по Неве. Некий из ближней свиты, престарелый, но желавший казаться бодрым вельможа, как я узнал впоследствии, знаменитый Бецкий, будто ненароком вышел, поддерживаемый ливрейным лакеем, на крыльцо и стал, смеясь, обращаться к народу. Сам шутит, а глаза все на реку, и губы белешеньки. Он незадолго вовсе ослеп, но скрывал это от публики; и лакей его держал за рукав, чтобы дернуть, когда нужно было кланяться знакомцам при встрече.

– Охота, братцы, без дела стоять?–сказал Бецкий, обращаясь к народу.– Государыню, кормилицу нашу, беспокоите... все кончится, верьте, благополучно. Ну где им, горе-богатырям, супротив русских? От Петра-то Великого поговорку, чай, слышали?.. Погиб, как швед под Полтавой...

– То, ваше сиятельство, Полтава,– судачили в толпе,– а эвоси, вон нас куда, к самому ему на порог вдвинули.

Слепой старец прикуся язык заковылял к своей карете.

Пальба к вечеру затихла, а с нею куда делись и сомнения. Столичный люд – известен он каков. Охотники до веселостей и всяких праздных утех мигом приободрились. Невская перспектива покрылась гуляющими. Началось гонянье беговых, охотницких дрожек, колясок в шорной аглицкой упряжи. Понесли хвосты расфуфыренные, с ливрейными драбантами, модницы. Зашмыгали, тараторя о шведской пальбе, гвардейские и статские петиметры. Зашел я в военную коллегию, там одни писцы; мое дело не двинулось. "Что,– думаю,– останусь еще день, все равно ехать с пустыми руками. А к вечеру авось что-нибудь объяснится и о шведах". Я же в те роковые дни возил о них первые секретные предупреждения.

И захотелось мне при этом воспоминании самому повеселиться, встретить товарищей, с горя с ними покутить. Из коллегии я зашел в книжную лавку Глазунова, узнать, нет ли там новых о политике ведомостей. Слышу разговор двух посетителей.

– Сегодня,– сказал один из них,– государыня повелела дать на Царицыном в театре трагедию "Рослав".

– Дмитриевский il grande, большой талёнто! – произнес другой, старый, очевидно иностранец.– В Париже с Лекёном, в Лондоне с Гарриком на одной сцене играл. Надо бы в театр.

Меня как бы что подтолкнуло. Я пообедал в Демутовом трактире, бросился на Царицын луг, в Книпперов театр. Там я взял себе наилучшее место в партере и до вечера бродил по набережной у Летнего сад.

Недавно переделанный из простого балагана, этот театр был новинкой для горожан. Лож не имелось, а кроме партера, вдоль стен был сделан трехъярусный открытый балкон, отделения которого без промежутков искусно возвышались одно над другим. Живопись плафона и стен хоть и была изрядно пестра, зато общий вид зрителей, сидящих амфитеатром, как в древности, весьма хорош. На занавеси была изображена Фемида, принимающая поздравления благодарных россиян. Кроме парадного крыльца, имелось еще несколько отдельных подъездов, просторных и столь умно устроенных, что давки, особенно во время несчастья, пожара при выходе случиться не могло.

Давно то было и много после переиспытано, а я до мелочей ясно помню, как проведен мною был тот вечер.

Сел я, стараясь быть как можно спокойнее, на свою лавку. Сбоку у меня старичок, тот самый иностранец, что у Глазунова подал мне мысль об этом спектакле. Мы разговорились. Он оказался итальянцем, учителем молодого графа Бобрицкого. Вижу, через ряд скамеек, против меня два вертлявых затылка в разубранных первым парикмахером косах; гвардейские аксельбанты и галуны; тончайшими духами отдает от платков, коими они машут при аплодисменте актрисам.

– Кто это? – спрашиваю итальянца.

– Граф Валерьян Зубов... Знаете?

– А другой?

– Его Санчо Панса, Трегубов.

Я так и вскипел. Но, странное дело, остался почти спокоен и тих, точно не слышал ответа соседа. Помню, как с легким сердцем и даже весело я прислушивался к игре актеров, а в междодействии – к шуму и к громкому говору, больше по-французски, с места на место переходивших театральных пересудчиков. Раздавалось и обычное в те годы щелканье орехов во время игры не только в задних рядах партера, но и в ближайших к сцене отделениях балкона, где заседали первые столичные модницы.

Больше всех вертелись граф и Трегубов. В самых патетических местах знаменитой княжнинской трагедии, как бы нарочито тем оказывая пренебрежение к высокому искусству Мельпомены, они с преглупою угодливостью то подавали знакомым дамам в нижние ложи лорнетки, цветы, то подносили им сласти или публикации о модах, причем непомерно гремели шпорами и саблями.

В одно из междодействии, утомленный духотой, я вышел с итальянцем подышать чистым воздухом, а кстати, завернул и в особую в театре караулку, где, в видах бережности от огня, разрешалось курить. Желающие здесь же имели обычай распивать принесенные из лавок прислугой и привезенные из дому бутылки венгерского и прочих вин. Мы покурили и вышли.

Вижу, на площади, у крыльца, стоит в кругу припевал граф Валерьян Зубов.

— Что мне декламаторские таланты и это вытьё вашего прославленного Дмитриевского! Ужли не постыл он вам? Вот Неточка Поморева — это другая статья... Так решено? — спросил он Трегубова.— У разъезда, господа,— объявил Зубов,— сперва аплодисменты, цветы,— а там... Более не расслышал. Взглянул на его румяное от экстаза, красивое и смеющееся, женоподобное лицо и вдруг увидел под буклей в ухе бриллиантовую сережку. Тут и вспомнилась мне Пашута. Все завертелось передо мной: офицеры, площадь, толпа, спешившая из караулки, экипажи, фонари.

— Вам бы, сударь,— сказал я, подойдя к графу,— не за актрисами гоняться.

Зубов смешался.

— Что вам угодно? — спросил он.— И кто вы такой? Не имею чести вас знать.

— А я вас доподлинно знаю,— ответил я,— не угодно ли на пару слов?

Он отошел со мной в сторону. Я назвал себя.

— Но в чем же ваша надобность ко мне? — спросил он.

— Час и место, государь мой, если вы памятуете, что есть честь?

— Дуэль? — спросил он вполголоса, покраснев.

Все его прихлебатели поотдвинулись при этом слове, и ни на ком нет лица.

— Что ж,— продолжал он,— я не прочь от сатисфакции; только не в таком месте, господин Бехтеев, конверсация; и притом убеждены ль вы доподлинно в моей токмо провинности? То было недоразумение, карнавальная шалость в масках, на пари... и притом не о вашей родственнице...

— Ни слова больше! Да или нет? — вскрикнул я, задрожав и хватаясь за шпагу.

Чувствую, меня схватили сзади, отводя дальше от публики. Оглядываюсь — два незнакомых артиллериста, открыто ставшие за меня.

— Давно пора проучить зазнавшихся фаворитовых родичей и их друзей! — говорят они, пожимая мне руки.— Мы к вашим услугам.

Я им назвал себя и место моей стоянки. Они подошли к графу и к его сателлитам и условились о сроке и месте поединка. Установили драться вечером следующего дня на пистолетах за Калинкиной деревней.

Утром я отправил нарочного в Гатчину, извещая, что коллегия замедлила с выдачей порученных мне вещей и что я надеюсь все окончить через сутки. Пообедав где-то в гостинице, я прокатился почему-то мимо Николы Морского и по Неве и заблаговременно возвратился на постоялый. Тут я заперся в нанятой горенке и стал писать письма к родителям. Я писал с увлечением, орошая слезами последние, быть может, строки к дорогим сердцу людям, и откровенно, без утайки, рассказал им все, что со мной произошло и к чему я, по долгу совести, готовился. Отнеся лично письмо в почтовую контору, я прилег отдохнуть.

Было недалеко до вечера. Тревоги предыдущей бессонной ночи утомили взволнованный дух. Мне мерещилось близкое будущее: роковой безвременный конец, сраженные горем отец и мать и отношение к моей судьбе Пашуты. Тяжелые, мрачные мысли роились в душе. Вот получается в родном доме мое письмо, а вот и приказ по флоту: исключается из списков убитый мичман такой-то. Я не мог вздремнуть, встал и присел писать прощальное обращение к своей изменнице. С этой исповедью на груди я решил идти на барьер.

Много ли прошло времени, не упомню. Над одной строкой я задумался. Пашута, как живая, представилась моим мысленным взорам. Вот она девочкой, быстроглазая, стриженая, резвая, как перепелка, встречи в Горках в вешние цветные дни, беготня по пахучему саду, прятки у гротов, катанья в лодке, качели у пруда. Затем переписка, бабушкины запугивания влюбленным, трубящим в рог, отставным юнкером, пересылка поклонов, стихов. А вот она в Петербурге, уж матушка сестрица, Прасковья Львовна, хотя для меня все та же Пашута. Урок танцев, уморительный старчик, учитель со скрипочкой, мать в пудромантеле за клавесинами, пение романсов, чтение Ричардсона, Дидерота, Де-Фо, прогулки пешком и в санях на буреньком, беседы вдвоем. И так близко было счастье. И все улетело, как сон. "Вы меня предали, продали, и кому же? Знаете ли вы, что за личность, на искательства которой вы поддались? Вы для него – минутная забава, одна из прихотей праздного, пустого, избалованного верхохвата. Отчего вы не сказали мне ранее и откровенно? Зачем безжалостно разбили любящее сердце? Говорят о какой-то случайности, роковом недоразумении. Нет, вы недаром о нем говорили, интересовались им. Наконец... письма... Да, я узнал, вы их получали, а о них мне ни слова. Но, знайте, никогда и ни в каких обстоятельствах..."

В дверь постучались.

"Секунданты,– подумал я, подписав и вложив в готовый пакет неконченное письмо к Пашуте,– что ж, други честные, сторонние, идемте, готов". Я опустил письмо в карман и отпер дверь.

23

Вместо бравых, возвышенных духом артиллеристов на пороге из присенков вывернул невзрачный, коротконогий, одутловатый и решительный видом, пожилой полицейский поручик. Крупные губы, нос пуговкой и маленькие, сторожкие недобрые глаза.

– Не вы ли мичман Бехтеев? – спросил он, придерживая шпажонку и оглядывая внимательно горницу и меня.

– Так точно.

– Извольте ж, государь мой, за мной в секунду следовать.

– Куда?

Вместо ответа он подал мне с внушительным видом запечатанный большою печатью пакет. Я вскрыл его, пробежал бумагу. То было требование о "неуклонной и беспродлительной, в чем буду", явке моей к лицу, имя которого было всем хорошо ведомо.

Меня как варом обдало, потом бросило в неудержную, внутреннюю дрожь. Я хотел было распорядиться, дать знать хозяйке, позвать слугу; но полицейский поручик ершом и стойко воспротивился.

– Что вы, сударь! – сказал он, скривя рот каким-то наглым, преподлым манером.– Какие тут распорядки! В момент в терцию-с повелено... Не на пляс, не на маскарадную вечеринку зовут ваше благородие, а к самому его высокопревосходительству Степану Ивановичу, господину Шешковскому.

Я понял – возврата и послабления не было и быть не могло. Я взглянул в окно. На улице нас уже дожидала городская, извозчичья, крытая коляска. Я защелкнул дверь на ключ, и мы отправились. В коридоре я встретил растерянного постояльского слугу; с ключом я успел ему передать для отправки на почту и заготовленное письмо. Мы поехали.

Всю дорогу занимал мои мысли необычный, таинственный человек, которому так нежданно теперь передавала меня судьба. В корпусе и в Гатчине много о нем было шушуканий. Все знали, что, знаменитый и страшный в то вообще мягкое время, этот человек не сразу приобрел свою грозную репутацию. Он сперва занимался мирными науками и даже был не чужд обихода с музами; кропал стишонки и учился у какого-то заезжего живописца писать акварельными красками ландшафты и изображения нежных амурных пасторалей.

В молодости лет Шешковский, как сказывали, даже попался в написании некоего вольнодумного на одного своего начальника пасквиля и был за то в немалой передряге и встряске. Но годы взяли свое. Бездарный, завистливый рифмослагатель и неудавшийся мазилка соблазнился первою отличкой по рангу. За ней пошли другие. Непризнанный, презираемый товарищами, Нерон бросил изменщицу лиру и осталась в длани с одним наказующим бичом.

Соученик и мой друг Ловцов в корпусе был вхож к одному вельможе, стороннику и одномышленнику Потемкина, и мне не раз сказывал о его отношениях к Шешковскому.

Возвышенный духом и доброго сердца Потемкин, радея о чести и славе обожаемой им монархини, решился при одном случае не токмо критиковать, но даже и упрекать свою венценосную благодетельницу и учительницу: "Ну, матушка богиня, выдвинула ты на склоне своих дней из российского арсенала таковые две ржавые и гнусные пушки, как на Москве князь Прозоровский, а здесь Шешковский... Прости, великая, но как бы те пушки, не в меру усердия стреляя, не затемнили твоего имени". Что касается до личных сношений, то прямой пред всеми Потемкин уж ничуть не стеснялся с тайным советником Шешковским. Встречаясь с ним, он обыкновенно шучивал: "Ну, Степан Иваныч, как изволишь кнутобойничать?" – "Помаленьку, ваша светлость,– отвечал вопрошаемый,– помаленьку исполняем возложенные на нас службишки..."

К такому-то человеку меня везли на аудиенцию. Мы миновали Казанскую церковь, гостиный двор, приблизились на угол Итальянской и Садовой, где в одном из бывших домов Бирона находилось тогдашнее помещение Шешковского.

Меня ввели в небольшую приемную. Приехали мы туда засветло; но я долгонько дожидался хозяина квартиры, бывшего в ту пору где-то в гостях. Совсем стемнело, когда наконец загремели внутри двора колеса его экипажа. Он вошел в свои апартаменты боковым, скрытным от посторонних ходом. Его прибытие я угадал по вытянувшимся лицам дежурных и по немалой суете, начавшейся в комнатах флигеля. Прошел один писец, другой, зашмыгали с бумагами вахтеры, разных ведомств курьеры. И вот затенькал где-то глухой, дребезжащий колокольчик. Ему ответил судорожный бой моего сердца. Меня позвали к Степану Ивановичу.

IV

Под влиянием общих толков я предполагал встретить нечто с первого раза ошеломляющее, нечто легендарное, вроде страшного дракона, крылатого, с огненным взором и с длинным, змеиным языком.

Каково же было мое удивление, когда за столом, заваленным грудами бумаг, между двух, как теперь помню, восковых свечей я разглядел прямо сидевшую против меня добродушную фигуру невысокого, сгорбленного, полного и кротко улыбающегося старика. Ему было под семьдесят лет. В таком роде я встречал изображения некоторых, прославленных тихим правлением, римских пап. Жирный, в мягких складочках, точно взбитый из сливок, подбородок был тщательно выбрит, серые глаза смотрели вяло и сонно; умильные, полные губы, смиренно и ласково сложенные, казалось, готовы были к одним ободряющим, привет и ласку несущим словам. Белые, сквозящие жирком руки в покорном ожидании были сложены на животе.

Я вспомнил городские толки, что Шешковский тайно сек не токмо провинившихся юношей, но и важных, попадавшихся в "первых пунктах" взрослых мужчин и дам, а потому, боясь отравы, уже давно, окромя крепкого чаю, печенных вкрутую яиц, молочного и трех ежедневно освящаемых просфор, по нескольку дней ничего почти не ел. Так напоминала о себе совесть этому захватившему высокое доверие монархини, ничтожному проходимцу.

Шешковский при моем входе с тою же улыбкой молча указал мне стул, опустил глаза в раскрытую перед ним бумагу и, сказав: "Так-то, молодой человек, познакомимся!" – спросил мое имя, годы, ранг, а равно место жительства и состояние моих родителей. Голос его был так ласков и добр. Мне казалось, что я слышу старого друга детства, готового спросить: "Ну как матушка, батюшка? Давно ли получал от них вести? Жива ли бабушка?"

"Что ж это,– подумал я, разглядывая сидевшего против меня доброхота,– где дракон?" Вскоре, однако, в его речи послышалась неприятная, посторонняя примесь, будто где-то неподалеку, в соседней комнате или за окном, начали сердиться и глухо ворчать два скверных кота.

– В кабале, в атеизме или черной магии, сударик, не упражнялся ли? – спросил меня Шешковский, глядя в лежавший перед ним лист.– И в каких градусах сих вольнодумных, пагубных наук ты обретался и состоял?

Я был ошеломлен. Что оставалось ответить? Пересилив, насколько возможно, волнение, я спокойно возразил, что ни в каких градусах не упражнялся и в них не состоял.

– Отлично... Так и следует ожидать от истинного россиянина. А не злоумышлял ли чего, хотя бы малейше, к возмущению, бунту или к какому супротивному расколу,– продолжал, всматриваясь в бумагу, Степан Иваныч,– каковой клонился бы к освященному спокойствию монархини или к нарушению обманными шептаниями, передачами и иными супротивными деяниями народной, воинской и статской тишины?

– Не умышлял...

– Хвалю... Истинные отечества слуги таковыми быть повсегда должны... А как же ты,– поднял вдруг насмешливо-холодный взор Шешковский,– а как же ты затеял публичный афронт, да еще с наглыми издевками, подполковнику, кавалеру Георгия четвертой степени и флигель-адъютанту, графу Валерьяну Александровичу Зубову?

– На то я был вынужден его же кровной и сверх меры несносной обидой особе, близкой мне.

– В чем обида? – спросил, взглянув на меня из-за свечей и тотчас зажмурившись, Шешковский.– В чем, говори...

– Не отвечу.

– Ответишь,– тихо прибавил, не раскрывая глаз, Степан Иваныч.

– То дело чести, и ему быть должно токмо между им и мной...

– Заставлю! – еще тише сказал, чуть повернувшись в кресле, Шешковский.

Я безмолвствовал. Общее наше молчание длилось с минуту.

Я не давал ответа.

– Так как же? – спросил опять Степан Иваныч.– Что вздумал! Ведь пащенок, песья твоя голова! Сам не понимаешь, что можешь вызвать! Все имею, все ведь во власти... четвертным поленом, не токмо что бить могу и стал бы,– да помни, неизреченны милости к таким...

– Я не песья голова и не пащенок,– твердо выговорил я, глубоко обиженный за свое происхождение и ранг,– чай, знаете гатчинские батальоны; я офицер собственного экипажа государя-цесаревича. Притом вмешательство в приватные дела...

– Вот как, гусек! – проговорил, нахмурившись, но все еще желая казаться добрым, Степан Иваныч.

– Не гусек, повторяю вам, а царев слуга. В мудрое ж и кроткое, как и сами вы говорите, правление общей нашей благодетельницы не мог я, сударь, предполагать, чтоб кого без суда и законной резолюции, кто смел четвертным поленом бить.

Шешковский протянул руку к колокольчику, но остановился и со вздохом опять сложил руки на животе. Не ожидал он, видно, такого ответа.

– Изверги, масоны, смутьяны, отечества враги!– сказал он, качая как бы в раздумье головой.– Свои законы у вас! Хартии, право народов, натуры! Мирабо, доморослые Лафайэты! Слушай ты, глупый офицеришко, да слова не пророни.

Тут Шешковский точно преобразился. Глаза его проснулись. Руки задвигались по столу. И показался он мне в ту минуту моложе, бодрей и даже будто выше прежнего.

– Слушай, дерзновенный,– произнес он громче и с расстановкой,– посягая на ближних слуг монарха, на кого святотатски посягаешь? Изволишь ли ведать персону его сиятельства графа Платона Александровича?

– Как не знать?

– Ну, а ведь они тому – братец. Кому не воздал должного решпекта?.. Так вот тебе резолюция, пока на словах. Сроку тебе двое суток. Не токмо о поединке или о новых экспликациях, но чтоб ровно через сорок восемь часов от сего момента,– слышишь ли,– духу твоего не пахло как в сей резиденции, так равно и в Гатчине.

– Но я на службе. Дозволите ли передать о том по начальству?

Шешковский улыбнулся, опять как бы в бессилии закрыл глаза и вздохнул. Пальцы его сплелись и снова старались смиренно уложиться на камзоле.

– Попробуй,– сказал он,– ну так, для-ради любознания попытайся...

Он достал табакерку, раскрыл ее и, щурясь с усмешкой на меня, потянул из нее носом.

– Не постигаю,– проговорил я,– где ж правда, закон?

– Лучше без разговоров,– перебил Степан Иваныч,– либо прочь отсюда тишайше, по доброй воле, либо тележка, фельдъегерь и... Сибирь.

Я опустил голову, соображая, с каким злорадством бегали по мне тем временем торжествующие взоры Степана Иваныча.

– Итак, Бехтеев, вот готовый пакет,– сказал с прежнею мягкостью Шешковский,– все готово и подписано. Напрасно, милый, было и спорить.

Голова моя кружилась. Я с трудом следил за ходом своих мыслей. Ясно было, что друзья графа успели принять все нужные меры. Случай в театре получил огласку, и меня решили, тем или другим способом, сбыть с глаз столичных говорунов.

– Так как же, в отпуск или вчистую? – спросил после небольшой паузы Степан Иваныч.– Лучше, батенька, вчистую, абшид,– прибавил он, не дождавшись моего ответа,– поищи ходатаев, протекции; авось и государь-цесаревич твою службу вспомнит и кстати пожалует. Никогда не упускай случая,– сошлись на родителей: стары, мол, и требуют помощи, деревнишки сиротеют без призору – ну и отпустят. А если нужно,– дай знать, и я, в чем надобеть, уж так и быть, помогу...

Я молча обернулся и хотел уйти. Помню, что притом даже не поклонился грозному Степану Иванычу. За мной послышался заглушённый, веселый и дружеский смех старца.

– Ну куда ж ты, ветер-голова? Ан и не все ведь еще кончено.

Я остановился.

– Вот что... Подпиши-ка на всяк раз, так, для памяти хотя, вот эту бумажонку.

Он протянул мне по столу лист с заготовленным к рукоприкладству клятвенным и под страхом нещадной кары обещанием,– выехать немедленно из столицы и ее окрестностей и молчать обо всем, что мною слышано от Степана Иваныча, господина Шешковского.

Как пьяный, как сонный, я вышел на улицу, возвратился на постоялый, послал за почтовыми и к утру был в Гатчине.

Там я нашел два письма. Одно было из деревни от отца, другое от Ловцова, из дунайской армии.

Отец писал, что дела наши по сельской экономии весьма неавантажны, что со дня на день грозит продажа с аукциона по залогу в казну всего нашего имения и что одно упование на Бога и на добрых людей. "Добрых! Где они?" – подумал я, дочитав эти строки.

Письмо Ловцова было об иной материи. Он рассказывал о Турции. Отряд Гудовича, при коем он служил, по-прежнему стоял у нижнего Дуная, томясь в ожидании дел, коими между тем так медлил главнокомандующий.

"Светлейший,– писал Ловцов,– живет в Яссах, погруженный в полнейшее бездействие и в столь великую хандру, что приближенные не решаются ему делать намеков не токмо о дальнейших, всеми ожидаемых, смелых предприятиях, но и вообще о текущих делах. А время уходит; турки, пережив сносные тягости минувшей зимы, вздохнули, начали стягивать из Азии новые, дико-свирепые полчища и открыли во всех мечетях и на базарах священную проповедь поголовного ополчения за веру. Они ввели в Дунай сильную гребную и парусную флотилию, укрепили побережные форцеции и, по словам лазутчиков, снабдили огромным гарнизоном и по соразмерности провизией стоящую на главном, исконном нашем пути к Стамбулу крепость Измаил".

Далекий мой друг описывал при этом случае благословенные страны, где он в то время находился, в столь увлекательных, живых красках, а страдания и надежды на русскую помощь единоверных нам греческих, болгарских, молдавских и иных народов так трогательно, что наши школьные беседы и мечтания о боевых походах и победах бессмертного Миниха и славного Румянцева воскресли во мне с новою, неодолимою силой.

"Уж не перст ли Божий, не указание ли свыше? – подумал я, прочтя письмо Ловцова.– В подобную минуту и такое напоминание! Неужели после этого выходить в отставку, ехать в деревню и навек закабалить себя и свою молодость в мирной, но дикой и сердцегнетущей глуши? Нет, лучше принести посильную пользу отечеству, пожертвовать неудавшейся жизнью там, на краю света, где, как мы все ждали тогда, загоралась заря воскресения близких нам и где гениями Суворова и Потемкина – я твердо верил в то – готовились свету новые бессмертные подвиги и новые неувядаемые лавры русского оружия".

Отдав ротному отчет в исполнении порученных мне комиссий, я скорехонько собрался и обратился к любимцу, комнатному камердинеру государя-наследника, к Ивану Кутайсову, с неотступной просьбой устроить мне в тот же день свидание, буде можно, наедине с его высочеством.

Пятнадцать лет назад пленный мальчишка-турчонок из городка Кутая, крестник цесаревича, его истопник, цирюльник и фельдшер, а в недальнем будущем, как всему свету известно, российский высокочиновный барон и, наконец, могучий, украшенный первыми кавалериями, граф и владелец десятков тысяч подаренных ему крестьян,– Иван Павлович Кутайсов близко знал нас всех, тогдашних гатчинских офицеров, и к нам благоволил.

Я застал цесаревичева слугу в гардеробной, за подготовкой для прогулки выездной амуниции великого князя.

– Что, сударь, деньга понадобилась? – спросил он, скаля зубы на мою просьбу.

– Нет, Иван Павлович, по милости его высочества еще не нуждаемся в том...

– Так отличку какую? А? Ты, ваше благородие, говори правду: зачем пришел?

Я решил пока скрыть принятую мысль и ответил, что получил письма от родителей, что они пожелали видеть меня, а как, ввиду шведского вторжения, морским батальонам, вероятно, повелено будет находиться в полном сборе, то я и решился искать доступа к его высочеству для получения отпуска, хотя на краткую отлучку восвояси.

– Шведское вторжение! Успокойся, бачка,– возразил с улыбкой Кутайсов,– они уж далече... Что ж до аудиенции, так вот тебе она... пойдем... а совет мой, сударик, коли что по службе, то побывай у Неплюева, особливо у Алексея Андреича Аракчеева.

Он приотворил дверь, провел меня к кабинету наследника, предупредил его о моей просьбе, и через минуту я был перед особой его высочества.

Государь-наследник цесаревич Павел Петрович принял меня в собственном малом кабинете. Он стоял, полуоборотясь к окну, и надевал большие, с раструбами, лосиные перчатки, поданные ему для прогулки. У крыльца, как видно было из окна, поигрывал подведенный рейткнехтом любимый его, столь известный впоследствии, белый, англизированный верховой конь по имени Помпон. Как теперь, вижу статную, рыцарски благородную фигуру Павла Петровича: лиловый бархатный сюпервест поверх короткого белого колета, кружевной шейный платок и такие же манжеты, высокие ботфорты со шпорами, треугол с плюмажем под мышкой и орденская звезда на груди. Не забуду я, пока жив, благосклонного приема великого князя, хотя вначале на меня и погневались. Прием даже главных сотрудников цесаревича, Аракчеева и Неплюева, был также, по мере объяснений, сперва строгий, потом сочувственный. Как давно было и как между тем все ясно я помню, точно вчера то совершилось.

— Перевода прошу,— осмелился я прямо сказать,— вовсе увольнения из гатчинских батальонов.

Мне были хорошо знакомы быстрые, неудержимые вспышки этой безупречно благородной и по врождению кроткой души, не терпевшей признака кривотолков или лжи.

— Обманул? Иван Палыча провел? Добился? Вон, вон, вчистую! Курятники, полотеры, торгаши!..

"Курятниками" и "полотерами" в досаде в то время обыкновенно называли большую часть тогдашнего гвардейского офицерства, действительно в оны годы более походившего на богатых купцов и мещан, чем на военных.

— Меня требовали к Шешковскому,— в силу я проговорил.

— К Шешковскому? Что ты?

— С меня взята подписка в молчании.

— Ну, как знаешь...

— Перед всеми, но не перед моим благодетелем должен я молчать,— ответил я.

Тут откровенно я передал все, что со мною произошло в Петербурге. Я говорил без стеснений. Меня слушали сумрачно, глядя в окно и изредка, чуть слышно восклицая под нос, особенно при упоминании некоторых имен: "Coquins! Scelerats..."

— И если, простите,— заключил я, задыхаясь от подступивших слез,— если государь-цесаревич, коего обожать и коему служить я готов до гроба, соблаговолит оказать мне милость, молю о дозволении мне ехать не в деревню к отцу, а на Дунай, в действующую армию, куда ныне стремлюсь и по долгу совести, и по судьбе, постигшей меня.

— Жаль, жаль... Ты было так изрядно выпекся! После наших батальонов заразишься, погибнешь в праздности и тамошней распутной толкотне!

Я в то время знал уж причину особливого гатчинского неудовольствия на светлейшего, который не хотел или не сумел в омуте дворских интриг отстоять священного и искренного рвения государя-наследника – быть при действующей армии.

– Впрочем, поезжай! Так и быть... Берусь лично устроить твое дело. Нынче ж будет доведено в Сарское и доложено о тебе... На Дунае и впрямь не один ведь Пансальвин, князь тьмы... там Суворов, Гудович, Кутузов...

Я, склонясь, в почтительном молчании ожидал дальнейших сообщений.

– В Яссах будь недолго: балеты, комедианты, когда войско рвется к бою; целый сераль разряженных модниц и замужних бесстыдных побродяжек, а еще не взял ни одной путной крепостцы, не то что пашалыка... Ну, можешь готовиться, с Богом... Поезжай, повидишь графа Александра Васильевича, Михаилу Илларионыча, кланяйся им. А что найдешь нужным, отписывай ко мне,– только осторожней. Понимаешь?

Не забуду последних часов моего пребывания в Гатчине. Надо было узнать от Аракчеева результат доклада в Сарском. Аракчеева дома не застал и положил вновь добиться аудиенции великого князя, как моего батальонного командира. Я сел в саду, на скамье, за кустарной клумбой, ближайшей к крыльцу цесаревича, и просидел здесь долго, не решаясь вновь просить Кутайсова и раздумывая то и се о предпринятом отъезде на Дунай. Солнце сильно припекало. Я очнулся, заслышав курц-галоп Помпона. Белый конь был взмылен. Потемнелые бока его тяжело дышали. Видно было, что цесаревич для разъяснения пришедших мыслей сделал немалый тур по окрестным полям и лесам.

Завидев меня и как бы ожидая моего обращения, он замедлился на ступеньках крыльца.

Я осмелился подойти и спросить, последовало ли разрешение государыни и дозволяет ли его высочество сообщить о том моему ротному.

Кивком головы ответил он утвердительно и с улыбкой махнул мне перчаткой с крыльца...

Великий князь сдержал слово. Он испросил обо мне разрешение государыни. Зубовым же было все равно, лишь бы с глаз меня долой. Они поддержали ходатайство цесаревича, был подыскан и благовидный к тому предлог. Меня командировали в южную армию с очередными депешами, отдав притом на усмотрение и в распоряжение светлейшего и обязав нигде не токмо не сворачивать с пути, но даже и не останавливаться.

Таким образом, лишенный возможности проведать родителей, я откланялся его высочеству, простился с товарищами и, с фельдъегерской подорожной и с сумкой на имя фельдмаршала, уехал прямо в Молдавию.

Надо, впрочем, сознаться, я свернул с дороги, заехал в Горки. Что я хотел там предпринять, не помню. Когда я приблизился ко двору, было уже поздно вечером. Ажигинский дом еще кое-где светился; я разглядел свет в гостиной и в комнате Пашуты.

Остановясь у ограды, я вошел в сад. "Нет! Объяснения не помогут",– решил я, возвращаясь. В отблеске гостиных окон я разглядел заветный дубок, прошел к нему, ухватил его за ветви, с силой рванул из мягкой клумбы, надломил и без оглядки уехал обратно по маршруту.

Чем более удалялся я от родины и приближался к югу, тем странней и непостижимей казалось мне все происшедшее со мной. "А уж как удивится Ловцов,– утешал я себя,– он ожидает ответа на свое письмо, а вместо ответа – и вот я сам".

Дни становились жарче, небо прозрачней и синей. Вот украинские степи, Днепр, запорожские хутора и опять степи. Вот долгополые, белые свиты и широкие войлочные капелюхи кишиневских царан. Вот кукурузные и табачные нивы, жидовские корчмы и лавчонки, арнауты, румыны, цыганские грязные таборы, мамалыга с маслом, перец в каждом кушанье, овцы с курдюками, верблюды в возах, сторожевые вышки, казацкие разъезды, пехотные у какой-то речки, лагерь и цель поездки – столь ожидаемый город Яссы.

V

Сильно колотилось мое сердце, когда я приблизился к резиденции главнокомандующего и начал соображать, что вскорости должен буду предстать перед лицом мужа толикой силы, гения и столь многих, всюду гремевших противоположностей нрава.

Неподалеку от Ясс, у небольшой молдавской корчмы, меня догнал другой курьер. То был немолодой и, как жук, черный от пыли и загара провиантский офицер. Мы зашли освежиться в корчму и как, разговорясь, узнали, что нам путь к одной цели, то и решили ехать остальные перегоны вместе. Он возвращался из командировки от главной квартиры, а потому возбудил во мне живейшее любопытство узнать, куда и зачем он ездил. Он, впрочем, более отмалчивался. В числе его поклажи были два небольших, упакованных в рогожи, бочонка, которые он особенно бережно хранил и, несмотря на усталость, не спускал с глаз. "Верно, червонцы,– подумал я,– но казны без конвою не возят".

– Не порох ли?– спросил я, указывая на багаж.

– О нет,– неохотно ответил мой спутник,– иначе как бы я мог курить! Не порох, а взорвать может мою судьбу почище всякой бомбы...

Он между тем разговорился со мной о других предметах и сообщил мне о светлейшем, о чем прежде я знал только слегка. Нам предстояло вместе явиться к князю. А потому остальной путь Потемкин не сходил у нас из беседы: как примет нас обоих, будет ли доволен и что с того выйдет каждому из нас?

Сын небогатого смоленского дворянина, князь Григорий Александрович Потемкин в молодости, как всем ведомо, обучался у духовных, а потом в Московском университете, из коего был исключен "за лень и частое нехождение в классы". Он обратил на себя внимание императрицы Екатерины еще при восшествии ее на престол. Попав из гвардейских офицеров и обер-секретари синода, а вскорости и в генерал-адъютанты к ее величеству, он не раз, видя к себе из-за придворных интриг охлаждение государыни, решился бросить свет и даже подумывал о пострижении в монахи. А когда ему, вследствие неосторожного приложения к больному глазу примочки тогдашнего всезнайки, фельдшера академии художеств "Ерофеича", пришлось на один глаз окриветь, то это так повлияло на его амбицию, что и впрямь удалился в Невскую лавру, отпустил бороду, надел рясу и стал готовиться к пострижению. Прозорливость и доброта сердобольной монархини и тут его спасли. Екатерина его навестила и уговорила возвратиться к своему престолу. "Тебе, Григорий, не архиереем быть,– сказала она,– их у меня довольно, а Потемкин один, и его ждет иная в мире стезя".

Слова государыни сбылись в точности.

Покоритель некогда грозного Крыма, основатель Екатеринослава, Херсона и Николаева и насадитель на месте буйного, дикопорожнего Запорожья тихой и плодоносной Новороссии, светлейший удостоился, в помрачение наветов врагов, показать государыне в ее путешествие на юг новосозданные и возрожденные им области империи. На месте татарского аула Гаджи-бей он основал Одессу, а малоизвестную и заброшенную крымскую гавань Ахтиар обратил в разносящий ныне громы по всему Понту Эвксинскому и далее Севастополь. Здесь в 1787 году императрица увидела аки бы по мановению волшебного жезла возникшие укрепления, до четырехсот домов, склады, верфь и сильную духом моряков, юную эскадру. Мысль Великого Петра о южном флоте сбывалась.

После уничтожения новых мамелюков Запорожской Сечи Потемкин был возведен в графы и вскоре стал ближайшим помощником царственной своей учительницы во всех ее предначертаниях о юге. Смелый "Греческий прожект" нашел в нем горячего и преданного пособника. Потемкин стал грезить Дунаем, где некогда Святослав ставил города, Царьградом, Босфором, видевшими когда-то ладьи и мечи Олега и Ярослава... Петр стремился на север и утвердился там. Потемкин разумно обратил взоры России на благодатные, родственные ей страны юга...

Монархиня любила и ценила гений светлейшего. Но она видела его слабости и их покрывала, хотя "инова" над оными и подтрунивала. Так, в правилах эрмитажа насчет его дистракции и всем известных привычек был ею вставлен пункт: "Всем быть веселым, но ничего не портить и не грызть".

Произведенный в генерал-фельдмаршалы и награжденный воеводством кричевским, Потемкин, по смерти Григория Орлова и воспитателя цесаревича графа Никиты Панина, стал при дворе главным и всемогущим лицом. Еще в первую турецкую кампанию, Румянцевскую, он прислал о театре войны обширные и дальновидные примечания. Когда началась нынешняя, вторая турецкая война, то он сперва командовал екатеринославскою армией, а потом ему подчинили и украинскую, освободив притом от команды над ней Румянцева. Покорив России Тавриду, он своим гением, без сомнения, предуготовил для потомков и освобождение Царьграда.

Штурм и взятие Очакова прославили Потемкина, как полководца; но вид гибели тысяч людей, приводя его сердце в несказанное горе, был ему невыносим. Во время приступа пущенных в штыки суворовских егерей князь Григорий Александрович, сидя у батареи на валу, все время крестился и, закрываясь руками, бледный, вне себя, со слезами и с ужасом повторял: "Господи, помилуй их, помилуй!"

Нрав светлейшего был постоянной загадкой для общества, и не моему слабому перу изобразить для прославления в потомствах его примечательные черты.

То пышный, блестящий и жадный к веселостям и почестям, то мрачный меланхолик, враг раболепных льстецов и мизантроп, с раскольниками начётчик, с дамами нежный Эндимион, Потемкин ноне являлся ко двору ликующий, беспечный, счастливый, смешивший до слез Екатерину умением перецыганивать ее голос, манеру, или скакал по Невской прешпективе, в зеленой бархатной бекеше, подбитой на тысячных соболях, в бриллиантах и пуанде-шпанах. А завтра на целые дни, недели запирался в комнате и лежал здесь на диване небритый, немытый, растрепанный, сгорбленный, в заношенном халате и в стоптанных туфлях на босу ногу. Угрюмо и молча хандря, он в такие часы, надо полагать, в удалении и тайности от всех обсуждал свои невысокие пропозиции. По природе лентяй, он, принимаясь за выполнение задуманного, трудился без устали днем и ночью. Ожидая опасности, тревожился, как малое дитя; когда же опасность приходила, он встречал ее беспечно и весело. Скупой и мот, вольнодумец и суевер, он был подобием тогдашней России: дикая необузданность граничила в нем с мягкостью воспринятых европейских обычаев.

Видом гордый сатрап, повадкой утонченный, во вкусе старинных французских нравов, придворный, величественный, головой выше всех и красивый, как древний Агамемнон, Потемкин свободное от службы время проводил читая, молясь либо компанствуя за пиршествами и волокитствуя. Считая себя баловнем Бога, он, как изнеженные грешницы, боялся черта. Ходила молва о сваренной им в восьмипудовой серебряной ванне ухе, ценою в полтысячи червонцев. Он верил в сны, разные приметы и, едучи на любовное свидание, крестился против каждой церкви и молельни.

Амурным похождениям светлейшего не было числа. И тут уж его нрав не стеснялся: в слепом и ревнивом бешенстве он зачастую срывал пышные головные уборы с возлюбленных и, не стесняясь ничем, гнал их прочь. Свои веселые дни он называл "Каной Галилейской", а мрачные – "сиденьем на реках Вавилонских".

Книги для Потемкина были насущным хлебом. Он их не читал, но жадно проглатывал. И в то время как соперник князя Платон Зубов омрачил последние годы правления мудрой монархини, раздувая ее болезненную подозрительность и преследуя таких писателей, каковы, Новиков и Радищев, универсально образованный Потемкин дружил с смелым остряком поэтом Костровым и с переводчиком Омира Петровым, читал в подлиннике Софокла, переводил историков, в том числе Флёри, любил поэзию, сам втайне писывал недурные стихи и покровительствовал гонимому сатирику Княжнину.

Юношей-студентом светлейший любил прислуживать в церкви, раздувал иереям кадило и выносил с дьячком перед дарами свечу. Не забывал он этих наклонностей и на вершине почестей, жалея в шутку, что командует генералами, а не попами, и прибавляя в страстных эпистолах к предметам любви такие изречения: "Облаченный в архиерейство, преподал бы я тебе мое благословение,– да победивши враги твоя красотою твоею и добротою твоею".

Враг любостяжания, всяких лишних прижимок, стеснений и малостей, Потемкин настоял на отмене в армии во время походов пудры, буклей и кос и на дозволении носить вместо кафтанов просторные куртки. Все отечественное чтя превыше иностранного, он ненавидел лесть и раболепство, как не выносил медицины и не слушался лекарей. Скрывая свои умозрения о государственных делах, он, как все от природы ленивые и вспыльчивые люди, терпеть не мог напоминаний о запущенных или забытых делах, как никогда же, боясь напоминаний смерти и расчетов с жизнью, не носил с собой и карманных часов.

Тратя из дарованных ему средств на свою жизнь до трех миллионов в год, Потемкин не умел подчас ограничивать себя и в служебных отношениях. Раз обратилась к нему одна важная придворная барыня: "Пристрой, голубчик князинька, да и пристрой мою гувернантку-мамзель к какому-нибудь делу на казенный счет, я рассчитала ее, и она пока без места". Чтоб отделаться от беса-бабы, князь и причислил ту мамзель по форме к гвардии – на казенный паек. Много об этой и подобных его шутках толковали в то время, и сама государыня, осведомясь о забавной выходке Потемкина, немало тому смеялась.

То был век славной пышности и сказочного мотовства. При дворе незабвенной монархини, сказывали, угля для подогревания парикмахерских щипцов тратилось на пятнадцать тысяч рублей в год, а на самовары – на пять–десять тысяч и сливок выпивалось при дворе на четверть миллиона в год.

Со въездом в Яссы как я, так и мой сопутник стали невольно терять спокойствие и робеть. В приеме светлейшего лежала разгадка нашей участи. Мне предстояло либо попасть к делу – достойному, полезному, либо затеряться на новой арене, как бы мелкой песчинке в морском коловороте, без всякого следа.

Провиантский фельдъегерь, бывший все время в спокойном и бодром духе, под конец крайне присмирел. На последней станции, пока нам запрягали, он куда-то юркнул, а когда вскочил опять в тележку, я его не узнал. Он успел умыться, прибраться и из черного, всклокоченного цыгана стал миловидным, с располагающими чертами лица блондином.

Разговорясь, где и как нам остановиться после приема князя, мы въехали в форштадт. Резиденция Потемкина была здесь же невдали, на загородной, окруженной садами даче князя Кантакузена. Светлейший особенно любил это место, так как здесь было удобно давать городу и дамам его свиты непрерывные празднества, до коих он был такой охотник. "Вот квартира капельмейстера Сарти",– объявил мой сопутник, указывая отдельный флигель близ княжеского дворца. По его словам, Сарти содержал при князе до трехсот музыкантов и целую труппу балетных танцоров и танцовщиц. Балы сменялись театрами, фейерверки и кавалькады концертами светского и духовного пения. "В прошлую зиму,– сказал мой сопутник,– этот волшебник Сарти исполнил у его светлости собственного переложения кантату: "Тебе Бога хвалим", причем слова "свят, свят" сопровождались придуманною им беглою пальбой из пушек. В числе красавиц, гостивших в то время при главной квартире, мой сопутник назвал княгиню Гагарину, графиню Самойлову и в особенности жену двоюродного брата князя, Прасковью Андреевну Потемкину. Для этих дам светлейший выписывал с особыми фельдъегерями разные диковинки: икру с Урала и Каспия, шекснинских в бадягах жирных стерлядей, невскую лососину, калужское тесто, трюфли из Перигё, из Милана итальянские макароны и варшавских каплунов. "А незадолго до моего выезда,– добавил сопутник,– прослышав, что некие два брата, кавказские офицеры Кузьмины, лихо пляшут по-цыгански, князь, выполняя чей-то дамский каприз, выписал и этих Кузьминых. Те прискакали с курьером из Екатеринодара, отплясали усердно у его светлости по-цыгански и вновь уехали вспять". "Что ж было с ними?" – спросил я сопутника. "Да ничего, все благополучно кончилось, исполнили по мере сил желаемое, услышали: "Спасибо, ребята!" – и беспрепятственно оретировались".

Был полдень, когда мы подкатили к ограде княжеского дворца. Солнце страшно пекло. На небе ни облачка. Кругом ни пеших, ни конных. Только часовые в белых куртках и шапках молча прохаживались у ворот. Мой сопутник сходил в какую-то караулку, поговорил с дежурным, и скоро мы предстали перед любимым, ближним секретарем Потемкина генерал-майором Василием Степанычем Поповым. Последний, носивший по своей доброте у офицеров имя Васи и Васиньки, с важностью оглядел нас, опросил, взял от меня письма и провел нас в сад, говоря, что его светлость прогуливается, а где, он того не знал.

– Станьте здесь,– решил Попов, указав нам место невдали от дворца, у перекрестка двух дорожек. Сам же он, оправя свой красноворотый мундир, с ужимкой шевалье отошел к стороне, стал читать привезенные мной на его имя столичные письма и, как мне показалось, при чтении раза два на меня взглянул. Мой сопутник, идя в сад, осмелился спросить вполголоса Попова: "В духе?" – и, получив в ответ: "Так и сяк..." – еще более оробел и смешался.

Прошло несколько минут. Невдали, за зеленью лавров и миртов, послышался странный голос. Кто-то грубым и несколько фальшивым басом мурлыкал про себя несвязную и аки бы ему одному понятную песню. В тишине, напоенной ароматом сада, стали слышны звуки мерных, тяжелых шагов. Точно грузный слон двигался своими мягкими медленными ходилами. Я оглянулся: важный секретарь, попрятав письма, стал тоже навытяжку. На моем же товарище не было лица.

"Светлейший!" – пронеслось у меня в мыслях, и я с трепетом ждал появления обожаемого, величественного вельможи, которого никогда не видел и который всегда мне рисовался в образе сказочного, восточного сатрапа или гомерического Агамемнона.

Из-за дерев на усыпанную песком дорожку вышел матерой, сказочный

Илья Муромец. Вышел и стал смотреть на нас. Широкие плечи, серый поношенный халат нараспашку, обнаженная волосатая грудь, красная тафтяная рубашка, ненапудренная, в природных завитках, встрепанная, светло-русая, без шляпы голова и на босу ногу узконосые, желтые, молдавские шлепанцы. В руке он держал сверток нот.

Светлейшему в то время было лет пятьдесят, но на вид он казался моложе, хотя не по летам сгорблен и мешковат. Я с умилением увидел совершенство телесной человеческой красоты: продолговатое, красивое, белое лицо, нос соразмерно протяжный, брови возвышенные, глаза голубые, рот небольшой и приятно-улыбающийся, подбородок округлый, с ямочкой. Левый окривевший глаз был странно покоен рядом с светлым, зорким и несколько рассеянным правым глазом.

Попов назвал нас. Я подал князю адресованные на его имя конверты.

— Один умылся, а этот арап,— проговорил светлейший, вскрывая пакеты.

Я так и опешил. Глаза стали властно запорошены. Ну отчего и я не догадался прибраться? Потемкин прочел одно письмо, другое, поморщился и, зевнув, передал бумаги Попову. "После",— сказал он, двинувшись далее и, очевидно вовсе не думая в ту минуту ни о тех, кто ему писал, ни тем менее о доставителе депеш. Мы, не шелохнувшись, стояли молча.

— А знаешь, Степаныч,— замедлясь, обратился Потемкин к Попову,— что ответил мне с давешним гонцом Александр Васильевич?

"Суворов",— подумал я, замирая от счастья услышать речь великого о великом.

— Матушке государыне похотелось узнать,— продолжал князь,— что делает генерал-аншеф, граф Суворов? Ну я ему, как ты знаешь, и отписал, а он в ответ: "Я на камушке сижу, на Дунай-реку гляжу".

Я взглянул на Потемкина: его лицо усмехалось и вместе было печально.

— Все вот музыку подбираю на эти слова,— добавил князь со вздохом.— Сарти прислал, да у него все итальянщина,— а я одну смоленскую песню вспомнил... Не знаешь ли? Как девки капусту рубили и козла поймали. Вот бы в Питер послать.

Попов молчал.

— Так ты отличек у нас захотел? — вдруг обернулся ко мне светлейший.— В свитские, в штаб? Жоко да чардаш с валашскими мамзелями отплясывать? Флото-пехотный боец! Надоело питерское вертение в контратанцах? Прошу извинить,— нет у меня для тебя места.

Я стоял ни жив ни мертв.

— И без того у нас вон, с Василием Степанычем, легион прихлебателей. И свои, и французы, и немцы, есть даже из Америки. Скоро нечем будет кормить. Можешь, сударь, отправляться подобру-поздорову обратно в Гатчину и решпектовать от меня пославшим тебя отменное мое почтение.

"Так вот он, мой идеал, герой! – помыслил я с горечью.– И чем я виноват, что прибыл не из другого места, а из Гатчины?"

Потемкин запахнулся, принял рапорт от моего сопутника и, не взглянув в бумагу, направился ко дворцу.

— Молю об одном,– решился я выговорить вслед князю,– удостойте меня послать в передовые отряды и в такое место, где бы я мог всем... жизнью пожертвовать для славы отечества и вашей.

Потемкин не слышал меня. Уйди он в то время, приговор мой был бы подписан. Я, по всей вероятности, уехал бы из армии на другой же день. Но вдруг князь уронил взор на рапорт провиантского курьера.

— Как? – воскликнул он.– Капуста из Серпухова... клюква... и подновские свежепросольные огурцы? И ты, пентюх, молчишь? Где они, где?

Офицер указал на припасенные под крыльцом бочонки.

— Михеича! – крикнул светлейший, присев в бессилии на ступени крыльца.

Явился, переваливаясь, толстый, в парике и в белом переднике, ближний официант и старый домашний слуга князя. Бочонки вскрыли. Но когда догадливый посол, подняв квашеные капустные листья и кочни, вынул из них что-то белое и головатое и как бы с робостью сказал: "А уж это, ваша светлость, я на свой страх... извините,– мясновская редька-с..." – изнеженный, с притуплённым вкусом, князь растаял. У него слюнки потекли.

— Ах ты скотина! Вот удружил! – даже плюнул светлейший, смотря на гостинцы, как на некую святыню, и дивясь гению посланца.– Маг, шельмец, маг! Шехеразада, сон наяву...

И, обратясь ко мне, он прибавил не в шутку:

— Вот, сударь, истые слуги отечества; вот с каких ироев брать пример. А они в свиту, в прихлебатели! У вас вон уж и Державин Зубова в громких одах превозносит, а этот мне – редьку, да-с... Кто лучше? Этот беспримерно. Прав ли я, Василий Степаныч? Посуди! – обратился князь к Попову.– Главнокомандующий сыт, доволен, будет довольна и сыта и его армия. Ах они буфоны, гороховые шуты! Громких дел им нужно,– отчего не берем Тульчу, Исакчу? ...Эй,– крикнул он уходившим с бочонками слугам,– на лед, по маковку да соломкой сверху!.. Михеич, голубчик! Для-ради такого случая яичницу сегодня глазунью да с свиным салом, зеленого луку побольше...

И, щелкая шлепанцами, легко и брдро двинулся на крыльцо матерой Илья Муромец.

Попов придержал меня за фалду.

– Обожди, запрячься тут где-нибудь! – шепнул он, наспевая за князем.– Придет добрый час, все авось перемелется... Меня просят за тебя: всерабственно готов служить его высочеству...

Мысленно благословляя цесаревича, я отправился в город и приискал себе в отдаленном и глухом его предместье небольшую каморку. Оттуда я наведывался к Попову. Но ждать "доброго часа" светлейшего мне пришлось долее, чем я мог думать.

После капусты и редьки князь было ожил; вскоре, однако, впал в прежнюю хандру. "Брак в Кане Галилейской" сменился вновь для него "сидением на реках Вавилонских". Напоминать ему обо мне – значило вконец испортить дело. Так прошло более двух недель.

VI

Однажды, так рассказывал мне впоследствии Попов, сидел светлейший с ногами на диване и, по обычаю запустив гребнем пальцы в волосы, читал вновь привезенные французские и немецкие газеты. Известия из Англии и Пруссии, особенно же из Франции, где тогда более и более разыгрывалась революция, сильно интересовали князя.

– А где тот-то, флото-пехотный боец? – спросил он вдруг Попова, который возле занимался разборкой и отправкой бумаг.

– Какой, ваша светлость?

– Ну да помнишь, что в герои тут из Питера просился?

– Давно, полагаю, дома,– ответил знавший обычаи князя Попов.

– Жаль,– сказал Потемкин,– забрался в такую даль и вдруг с носом.

Попов услышал это – и ни слова.

– Согласись, однако,– пробежав еще два-три газетных листа, произнес светлейший,– Зубовы... да и весь их социетёт!.. вот, надо думать, бесятся: подслужиться кой-кому хотели моряком... Каких рекомендаций наслали... Ан и не выгорело...

– Не дали бы, ваша светлость, маху,– отозвался Попов.

– Как маху?

– Да ведь Бехтеев не зубовской руки.

Потемкин посмотрел через газету на Попова.

– Как не зубовской? – спросил он.

– Помнится, этот молодой человек даже что-то сказал о ссоре и неудавшемся его поединке с братом Платона Александровича...

Потемкин спустил ноги с дивана и бросил газеты.

– Что же ты молчал?

– Запамятовал, ваша светлость.

– Посылай ему тотчас курьера, зови.

– Извините, теперь, пожалуй, и не поедет.

– Как не поедет? Ко мне?!

– Обиделся, я, чай... строго уж ему отвечено.

– Вот как... Обидчивы нынче люди... А послушай, чем бы его расположить?

Попов подумал и ответил:

– Надо прежде осведомиться, доподлинно ли Бехтеев уехал? Он что-то сказывал об ожидании отписки от отца.

Меня тогда же, разумеется, нашли, но я был снова призван к Потемкину только на следующий день.

А накануне вечером у князя с Поповым был примечательный разговор. Огорченный нападками иностранных газет, светлейший для развлечения принялся тонкой пилкой обтачивать и чистить оправу какой-то ценной вещицы. Кучки дорогих камней и жемчуга лежали перед ним на столе меж фарфоровых безделушек.

– Требуют, спрашивают, тормошат! – сказал он Попову.– Да возможно ли то все, и вдобавок, как видишь, в моем каторжном положении? Со всех сторон такие вести; а меня там пересуживают, ризы мои делят, распя-,. тию предают – удаляют от моего солнца, счастья, жизни...

Князь помолчал.

– Я измучен, Василий Степаныч, бодрости лишен, сна,– продолжал он, налегая на пилку,– слабею подчас от всяческих дрязг душой и телом, как малое дитя, а им подавай триумфы, победы, венки! Если бы все-то знали... Изведут, отдалят,– произнес он, глянув в сторону и как бы видя вдали некие таинственные и другим непонятные откровения,– ну что, полагаешь, нужно мне, чего еще искать?

Попов не нашелся с ответом.

– Чего желать человеку в моей судьбе? – продолжал князь, не поднимая лица.– Меня ли соблазнить победами, воинскими триумфами, когда вижу, насколько напрасны и гибельны они? Солдаты не так дешевы, чтобы ими транжирить и швырять их по пустякам. Я полководец по высшей воле, по ордеру, не по природе; не могу видеть крови, ран, слышать стоны и вопли истерзанных снарядами людей. Излишний гуманитет несовместим, братец, с войной... Вот граф Александр Васильевич – тот на месте, ему и книги в руки... Отчего ж, спросишь, я здесь, а не при дворе?

Изумили Попова эти речи. Он ушам своим не верил и сказал: пока жив, не забыть ему, что услышал он в тот незабвенный час. Светлейший встал, медленно прошелся по горнице, открыл окно в стемневший сад и опять сел.

– Неисповедимы судьбы Божьи! – сказал он.– Низринул Иова, превознес Иосифа! Чего я желал, к чему стремился, исполнено – все помыслы, прихоти. Нуждался в чинах, орденах,– имею; любил мотать, играть в карты,– проигрывал несметные, безумные суммы. Захотел обзавестись деревнями,– надарено и куплено вдоволь. Любил задавать праздники, балы, пиры,– давал такие, что до меня и не снилось. Пожелал иметь по вкусу дома,– настроил дворцов. Драгоценностей имею столько, что ни одному частному человеку и во сне не снилось. И все мои страсти, планы во всем приводились в действо и выполняются... А клянусь тебе, нет и не может быть человека несчастнее меня!

Попов стал возражать.

– Не веришь? – спросил упавшим, как бы молящим голосом князь.– Думаешь, шучу? Нет и нет! Все вы стремитесь, надеетесь, авось грянут битвы,– отличие, всем слава. Для меня ж, дружище, все в мире пустоши, тлен, гроб повапленный, уготованный человечеству... И не будь звена, не будь ласковых взоров, оттоле, далече, ее повелений,– я бы жизнь свою, не задумавшись, истребил, разбил вот как это...

Тут он схватил со етола саксонскую вазочку и, разбив ее об пол вдребезги, удалился в опочивальню.

Явившись по зову Попова, я был принят князем наедине. На этот раз Потемкин был тщательно выбрит, одет, отменно вежлив и добр. Пряди шелковистых, с заметной проседью, волос красиво оттеняли его женственно-нежный, высоко вскинутый лоб. Полные, как у счастливого ребенка, губы были осенены величавою, располагающей улыбкой,

– Ну, говори откровенно,– произнес он,– что за история у тебя вышла со вторым Зубовым?

Я изложил все подробно и без утайки. Лицо Потемкина при моем рассказе не раз омрачалось и по нему пробегали судороги.

– Желание твое будет исполнено,– сказал он, когда я кончил,– куда хочешь причислиться?

Я назвал передовой отряд графа Ивана Васильевича Гудовича, где служил Ловцов.

– Завтра же можешь отправляться. И если в чем будет у тебя нужда, обращайся ко мне.

Я поклонился. Идол мой, сердечный герой вновь затуманил мою душу восторгом, а глаза слезами.

– Ты молод, от судьбы не уйдешь,– продолжал князь,– занесла тебя доля, садись на нашу ладью... Греческий прожект, путь в Константинополь... Вы, юноши, без сомнения, пленены... Чай, и твое сердце не раз замирало в восхищении от таких чаяний? ...Дай, Боже, монархине выполнить высокие священные обеты. Слава ее и верных ее слуг – широковетвистое дерево; и под его сению когда-нибудь отдаленные потомки с благодарностью вспомнят о нас У корней того древа ползают и шипят змеи... Но не змеи ему опасны, а черви... По мелочи тайком под землей точат они, зубатые, жадные... С виду тихие, бесстрастные, знают наметку, а больше – как угодно-с... Платок на куртаге вовремя поднял с паркета – и пошел в гору... Мальчик писаный, сущий ребенок!.. а глядишь... Ну да прощай, Господь с тобой; кланяйся графу Ивану Васильевичу...

Я поклонился и, высказав, как мог, мою признательность, направился к двери.

– Стой,– окликнул меня князь.

Я обернулся.

– Нужны тебе деньги?

– Пока не терплю лишений.

– Не нужны? Чудак ты человек, И мне, впрочем, ничего не нужно, вот он знает! – указал князь на входившего Попова, принимаясь грызть ногти, что, по молве, было признаком сильного в нем душевного волнения.

Приезд мой в отряд Гудовича, как и первое мое там пребывание, остались особенно памятны для меня. Свидание с Ловцовым было самое радостное, тем более что ему и в мыслях не грезилась наша встреча в Турции. Попов, обласкавший меня и почтивший впоследствии даже особым доверием, взял с меня слово молчать о переданной им беседе с князем, что я при жизни его светлости и побуждался свято выполнить. Но теперь, пробегая в памяти цепь долгих лет, не могу, милый сын и мои будущие потомки, не сказать вам о знаменательных событиях того времени, для чего, переправя со временем где нужно, и можете переписать сии листы для припечатания даже в публику...

Мне с годами стало вполне ясно тогдашнее, многим непонятное настроение Потемкина. Его мечты о восстановлении Византийской империи, о царстве Константина поколебались.

Верный союзник и товарищ Екатерины в войне с турками, австрийский император, больной, угрожаемый соседями и видя предательства и ферментации в собственных своих областях, а паче всего обманутый в надеждах на подданных своих венгерцев, близился к кончине. Войска его были отозваны из Турции. Он умер в тот же год весной. Его преемник под влиянием Голландии, Пруссии, особливо ж Англии, без участия и ведома Екатерины завел негоции о мире с султаном. Недоверие Потемкина к австрийцам оправдалось на деле. Ему в таких обстоятельствах приходилось думать уже не о завоевании Царь-града. Он с горечью увидел, что турки начинают негосировать не о своем спасении, а спорят об утверждении за Россией даже тех земель и прав, которыми в силу прежних завоеваний мы обладали несколько лет. Коснусь сего пункта подробнее.

Ослепление турок чуть было не обратилось в нашу пользу. Великий визирь, не дождавшись исхода переговоров, неожиданно перешел Дунай у Рущука, против коего в Журже стояли австрийцы. Поелику у турок было восемьдесят тысяч войска, австрийский же полководец был вдвое слабее, то и запросил он нас о помощи. Русские встрепенулись.

Отряду Суворова повелено было подкрепить австрийцев. Он бросился к Журже. Но с Потемкиным вновь начались колебания. Он то подвигал командированный отряд, то слал гонцов и вновь его останавливал. Десятого июля Суворов донесся до Килиен и прождал здесь две недели; двинулся к Гинёшти и, к изумлению всех, стоял здесь целый месяц. В два дня с пехотой прошел семьдесят верст до Низапёни и снова тридцать дней бездействовал. Наконец, ему прислан ордер – сразиться. В три дня форсированным маршем с пехотой он прошел к Бухаресту сто двадцать пять верст, увиделся с австрийским фельдмаршалом, условился обо всем, расположил место битвы. Новая виктория готовилась огласить давно молчавшие берега Дуная... Но пришла весть, что заключен мир Австрии с Турцией, а с ней и приказ о немедленном прекращении военных действий.

"Для чего драться и терять людей за землю, которую уже решено возвратить врагам?" – писал Потемкин к Суворову, требуя его назад. Суворов повиновался. Расположась у Галаца, он советовал главнокомандующему овладеть посредством гребного флота устьями Дуная, взять сильно укрепленный Измаил и, открыв доступ в Добруджу, двигаться далее без союзников. Ответа на вызов не последовало. Да и что было отвечать князю? Из Петербурга приходили дурные вести. Швеция перед тем грозила самой столице. Враги не дремали. Влияние Зубова росло с каждым днем. Потемкин терзался ревностью к власти, сомнениями в малодушной боязни с каждым новым курьером узнать о своем падении. Предупреждая опалу, неизвержение с высоты почестей и славы, он хотел все бросить и удалиться в Смоленскую губернию на покой.

Но повеяло надеждой к лучшему. Война с Швецией, без ведома стерегущей Англии, кончилась в августе миром в Вереле. Двор ожил. Сорок линейных кораблей, четырежды разбивших шведский флот, ожидали приказа идти против Англии. Даже в угрозу Пруссии готов был двадцатитысячный корпус вторгнуться в Польшу. К Потемкину понеслись советы действовать смелей... Гудович с флотилией, где находился и я, в половине октября взял после сильной атаки крепость Килию. Булгаков и Мансуров на Кубани разбили наголову и взяли в плен со всею свитой, лагерем и множеством пушек турецкого сераскира Баттал-пашу. Но главное, на что указывал Суворов, взятие Измаила и дальнейшее шествие за Дунай – оставалось без исполнения. Недовольство в войске было всеобщее.

"Для чего ж мы не берем других, более сильных крепостей, не идем на Царьград? – роптали в армии и на судах.– Из-за чего томимся в гирлах и по болотным пустырям, болеем и мрем не в битвах, а от молдавских лихорадок? Долго ли нам кормить своей кровью турецких комаров и слушать не гром орудий, а кваканье лягушек? Где наши соколы Румянцев, Суворов? Отчего молчит Потемкин? Он обабился, или турки подсыпали ему дурману?" Стали кое-где толковать уж и об измене, о подкупе...

Все это знал светлейший и оставался в упорном мирном дефансиве. Курьеры по-прежнему пересылались от него к государыне и обратно. Придворные трактаменты стали благосклоннее. Но князь, по-видимому, был погружен в прежнее безучастие ко всему, в недеятельность, а кольми паче в лютую хандру. Кто-то прислал ему редкое киевское издание "Книги хвалений, сиречь Псалтырь", и он погрузился в сличение его текста с прежними тиснениями.

"Яссы – Капуя светлейшего,– язвили его столичные и наши лагерные дармоеды-остряки,– опустился князь Григорий Александрович, одряхлел не по летам, нравственно угас в напыщенности и сибаритстве своего двора. Видна птица по полету. Не бывать кукушке соколом. И пора давно освежить, поднять дух армии иным вождем. Песня Таврического спета..."

Больше всех судачили и шипели о князе иностранные вояжеры и эмигранты, им обласканные и, в надежде легких триумфов, кишмя кишевшие при главной квартире. В ожидании отличек, сняв мундиры и надев фраки, они исправно плясали на молдаванских балах и редутах и без устали чесали языки.

– Измаил, государи мои, не Килия и не Тульча,– отвечал Потемкин этим критиканам,– локальное положение вовсе иное. За его твердынями сорок тысяч отборного войска, припасов на год и сам сераскир Аудузлу-паша. Хоть цапанье нам и не противно, но упаси Бог тратить людей; я не кожедиратель-людоед... тысячи лягут даром. Ведь вы привыкли к театральным, легким эффектам... Опера-буффа, в ущерб строгим старым концертам, всех перековеркала.

46

– Так что ж делать? – кипятились залетные гости.

– А вот что. Война надоела Турции; авось и мы, как это ни прискорбно, кончим с подобающим достоинством – дипломатией...

Ропот и гнев дешевого политиканства на светлейшего росли. Взоры и слух мерзились виденным и слышанным насчет его. Все ожидали его смены. Он между тем, ускромив остервененное злоречием сердце и брося Псалтырь, затеял новое и небывалое но причудам празднество.

Невдали от ясского лагеря Потемкин повелел, якобы для генерального "ревю", соорудить в поле подземную палату. Убрал ее колоннами, бархатом, шелками и бронзой, а вокруг поставил два полка с барабанами, ружьями и батареей из ста пушек. И когда светлейший за "ужиной" вышел с гостьми из землянки и, подняв кубок вина, дал знак, что пьет в честь гостей, барабанщики ударили тревогу, ружья подняли батальный огонь, а за ними и пушки огласили окольность далеко слышными оглушительными залпами.

Так развлекал Потемкин умы легковерных пересудчиков и нечаявших, что между тем он готовил и чем соображал поучтивствовать российским врагам.

Около того же времени я получил нерадостные вести от родителей. Ненастный и алчный обер-прокурор первого департамента сената, отец Зубова, пользуясь своим положением, занимался покупкой для барыша выгодных тяжебных дел. Узнав, что соседнее с его В** вотчиной наше поместье описано к продаже с аукциона, он внес куда следует свои деньги и, против всяких прав и законов, выкупил это имение без публичных торгов. Гражданская палата, а за ней и наместническое правление выдали графу вводный лист, а моим родителям предложили из поместья изехать в кратчайший срок. Отметка за мою историю с его сыном сказывалась здесь ясно. Нам грозило полное разорение.

Я вспомнил обещание помощи светлейшего и решил при случае просить отпуска в Яссы. В войске между тем пронеслась весть, что турки, видя наше бездействие, сама составили новые калькуляции и замыслили перейти в наступление на наш авангард, бывший под командою Кутузова.

VII

Было начало октября. Стояла теплая, сухая, только этим благословенным краям свойственная в такую пору погода.

Отряд генерал-майора Михаила Илларионовича Голенищева-Кутузова охранял линию Днестра от Бендер до Аккермана. Очаков уж прославил имя этого генерала. Здесь два года назад он был ранен в голову, причем пуля, войдя в висок, вылетела в затылок.

Кутузов получил повеление передвинуться к югу. Разбив два турецких передовых табора, он направился к гирлам, близ которых и расположил свой отряд. Под его началом было несколько гренадерских и егерских полков, две тысячи донских и запорожских казаков и часть флотилии, при коей состояли я и Ловцов. Флотилия находилась под охраною казаков, занимавших аванпостами холмистый берег у молдаванской деревушки Петёшти.

Этим движением Кутузова завершились, впрочем, наши тогдашние действия. Турки, запершись в Измаиле, молчали и нас не тревожили. Опять настали однообразная скука, тщетные ожидания наступлений и общее неведенье и тишина.

Близилась осень, с ее дождями, холодами, а там и зима. Зная настроение главной квартиры, все убедились, что кампания этого года кончилась, и на досуге толковали о том, где и как придется "оборкаться" на винтер-квартиры.

Нельзя сказать, чтобы мы утопали в роскошах, но мы и не жаловались на судьбу. Роптали одни господа замотайлова десятка. В отряд, по мысли светлейшего, подвезли несколько сот ногайских войлочных палаток. Солдаты окопали их канавками, обсыпали снизу землей и обставили свежим камышом, натасканным из гирловых заводей и озер. Жилось, повторяю, не ахти как. Темные вечера коротались беседами за чугунным чайником, песнями с гитарой, пуншем, а иногда и картами в макао. Более играли в казацком корпусе Платова, имевшего повсегда изрядный запас цимлянского. С возвышенности, на которой стоял лагерь пехоты, были видны прибрежные глинистые холмы, поросшие ивами и кустами, плавни в несколько извивов Дуная.

Несмотря на строгие запрещения, егеря что ни день от скуки пробирались в одиночку и по нескольку человек к запорожским пикетам, к реке, ловя рыбу, собирая сушняк для костров, а иногда решаясь и охотиться с ружьем. Особенно соблазнял солдат невиданный вечерний перелет тамошней дичи. Проберется егерек перед вечером из лагеря, станет в гущине камышей у Дуная и хлопает из мушкета, следя по свисту крыльев за птицами, летящими на воду с просяных и кукурузных полей. Смотришь, позднее в сумерки и тащится к ротному котлу искусанный комарами и увешанный отъевшимися на приволье утками и куликами.

Не одних солдат соблазнял этот перелет. Охотились и офицеры, в том числе и Ловцов. На него нашел в этом какой-то особенный стих. Я ему несколько раз и в подробностях передавал о моем приключении с

48

Пашутой. Моя исповедь произвела на него сильное впечатление. Он то и дело вспоминал о моем рассказе и обращался ко мне с вопросами о дальнейших моих намерениях. "Я забыл о нанесенной мне обиде,– говорил я с горечью,– и не хочу о том более думать".– "Нет, не поверю,– отвечал он,– будешь думать". "Почему?" – "Потому... ну да что! увидишь: она, наверно, пошла в монастырь..." – "Из-за чего?" – "Вспомни мое слово: сердце чует..."

Рассказы о родине не покидали наших бесед. В сходствие того, бывало, сидим на палубе или под войлочным шатром у казаков, курим, поглядывая на реку и на тихое звездное небо, и толкуем о корпусе, о Питере и о близких. Письма с родины доходили редко, и каждое нами обсуждалось до мелочей. В одном из домашних писем обмолвились, наконец, и об Ажигиных. Матушка получила вести о них какой-то знакомой, жившей по соседству с Горками. Строго осудив ветреную Пашуту и даже дважды обозвав ее в письме ко мне низкою, бездушною, "поганкой" и "сквернавкой", матушка прибавляла, что перст Господень, очевидно, спас меня: отвергнутая изменница затихла, как ветром ее сдуло, никуда не кажется, ходит в черном и, по слухам, собирается на долгий отъезд прочь от своих краев. "И ты, Саввушка,– прибавила мне мать,– недаром у меня в сорочке рожден: избавился от такой ранней истомы да засухи и теперь волен, как ветер. Приезжай-ка, мил дружок, в здоровье и благополучии в нашу Бехтеевку,– авось ее еще отстоим! мы тебе вот какую принцессу приотыщем".

– А что, Савватий? Не я говорил? – произнес, выслушав эти строки, Ловцов.– Удаляется, потрясена... чудное создание! Твоя родительница, извини, не права; и я в жизнь уж теперь не поверю, чтоб Ажигина тебе изменила.

– Как не поверишь? А все, что случилось?

– Убей Бог, душа говорит,– кипятился Ловцов,– не по ком ином Ажигина и черное носит, как по тебе...

– А Зубов с родичем?

– Не говори ты мне о них. Верь, ее отуманили, обманули. Неопытная, пылкая девушка; мысли разыгрались, опять же эти книги,– ну и замутилась. Она ль одна сочла себя в заточенье жертвой и рвалась из-под крыла матери на бедовый, ухарский подвиг? Так вот ее и вижу. Ты не подоспел из командировки, тебя нет,– а у ней уж весь план готов: замаскирована, где ж рыцарь? Как бы матери сюрприз? А тебя нет...

– Хорош подвиг,– осерчал я,– тебя слушая, надо счесть виновником себя.

– У них, у девочек, ведь это все иначе,– продолжал Ловцов,– ах, как же ты не понимаешь? Там своя логика и свои тонкости... Да и всяк юноша...

Ну хоть бы наши гардемарины или юнкера... Вспомни, разбери, как гонялись за оперными и балетными девками! Разве не одни шалости, не одна прыткая, бесшабашная дурь? Ведь те же годы, та же кровь... Вспомни наших и в Аккермане: поколотили жида и готовы были на его жидовке жениться, ну, немедленно, в минуту, в секунду и тут же, среди разбитых бутылок, недоеденной мамалыги и оторопелых молдаван... Не так разве было? Не так?

Бедовый был этот Ловцов; общественный, добрейший, милейший товарищ, но скорый и вспыльчивый, как порох. От близорукости он еще в корпусе носил очки. И чуть покосится через них – шея и уши в краске, ничего не помнит: в жерло пушки, в огонь готов влететь.

Его речи, пылкая защита Пашуты и острая, томящая скука бездействия измучили меня. Я стал видеть не инако, как тяжелые, странные сны. Все манило меня к делу, к подъятию подвига, который бы расшевелил и оживил общий застой. Одна мысль начинала меня занимать, и я предавался ей во все свободные часы, для чего отлагал пока и поездку в Яссы, с целью хлопотать о спасении имения отца.

Дни между тем стояли те же чудные, почти летние. Ни облачка, тихо и ясно, как в мае. Только предвестники осенних невзгод – белые паутинки – летели и медленно стлались по травам и камышам.

Раз мы лежали с Ловцовым у берега в казацком шалаше. В лагере, за ближним холмом, пробили вечернюю зорю: барабаны и трубы смолкли; затихли в обозе кузнечные молоты, у котлов песни, звуки балалаек и торбанов. Один за другим погасли по взгорью костры. Совсем стемнело. Ловцов с утра был в возбужденном, нервическом состоянии.

– На твоем месте я бросил бы все,– сказал он мне вдруг,– и уехал бы к ней...

– К кому?

– К Ажигиной.

– Ты смеешься надо мной? – произнес я под настроем мысли, о которой не переставал думать. Он вскочил, проворно стал надевать плащ.

– Слушай,– произнес он,– если я шучу, пусть мне не дожить до утра.

Тут он взял ружье, мешок с зарядами и вышел из шалаша.

– Куда ты? – спросил я.

– К острову, в секрет. Казаки Михаиле Ларионычу рыбы решили половить.

– Ну не стыдно ли так попусту рисковать? – сказал я в досаде.– Почем знаешь, что турки не пронюхали и вас не стерегут?

– Пустое,– ответил голос Ловцова уж за шалашом в темноте,– места переменные, и лазутчики доносят, что турков не видать на тридцать верст кругом. А к твоей-то, к перлу, к цветку... уж, как хочешь, брат... ах, жизнь наша треклятая...

Конца речи его я не расслышал, но его слова перевернули вверх дном мою сдержанность, замкнутость. Я догнал его на берегу.

– Слушай,– сказал я,– вместо того чтобы тратить попусту силы, напрасно подвергать гибели других и себя, выполним дело, не дающее мне спокойствия и сна.

– Какое? Какое?..

– Подговорим запорожцев, они достанут у некрасовцев простые челны, переоденемся рыбаками и проберемся вверх по реке.

– Зачем? – спросил Ловцов.

– За островом, против Измаила, стянулся на зимнюю стоянку весь турецкий гребной флот...

– Ну, ну?

– А далее, что Бог даст...

Ловцов горячо пожал мне руку. Я передал ему свой план в подробностях, и в следующую ночь мы явились на условное свидание. Невдали от берега нас ожидали запорожцы. Я объяснил им, как приступить и выполнить дело. Они слушали молча, понуря чубатые головы.

– Князь-гетман оттого, может, и сидит, как редька в огороде,– произнес один из сечевиков, когда я кончил,– что никто ему не снял на бумажку измаильских штанцев... Мы уже пытались, да не выгорело... Авось его превелебие пошевелит бровями и даст добрым людям размять отерплые руки и ноги в бою с нехристями.

– Готово? – спросил я.

– Готово.

Запорожцы сошли к Дунаю, вытащили из камышей заранее припрятанные лодки, все – в том числе и мы с Ловцовым – переоделись в рубахи и шапки гирловых молдаван, спрятали в голенища ножи и уложили на дно сети, мушкеты и кое-какую провизию. Колико кратно ни вспоминаю то время, ясно и живыми образами является оно передо мной.

Ночь была тихая, мглистая. Даже с вечера трудно было разглядеть окрестные, подернутые туманом берега. Теперь, тотчас же за отмелью, начиналась непроглядная тьма. Дунай, будто дыша, плескался о края отмели, катя быстрые, темные волны. То там, то здесь зарождались и вновь пропадали какие-то странные, отрывистые звуки. Парус мерещился. Кудластая коряга, сорвавшись с песчаного бугра, как некое живое чудище, плыла серединой реки. Плеск рыбы, шелест ночных птиц кидали невольно каждого в холод и трепет. Запорожцы сели в лодки, мы за ними, все перекрестились и налегли на весла.

Не буду рассказывать в подробностях о нашем предприятии, хотя считаю за нужное передать в некоторых мелочах. Мы плыли всю ночь, день стояли где-то в заливе, в кустах, и еще проплыли ночь. Огня разводить не смели. И досталось же нам от мошек и комаров; не помогали и сетки, намазанные дегтем. Руки и лица наши вздулись, запеклись кровью. Особенно жалко было видеть Ловцова. Мы из предосторожности обрезали себе короче волосы, а он, близорукий, нетерпеливый, не взял и очков. Мы старались не говорить меж собой. Он же ничего не мог разглядеть и поминутно спрашивал, где мы и не видно ли турецких разъездов.

В одном месте, во вторую ночь, послышался у берега шелест. Лодки в темноте плыли дефилеей небольших островков.

— Что это? — тихо вскрикнул Ловцов, хватаясь за мушкет.

— Брось, пане, рушницу,— сказал ему брат куренного атамана, Чепига,— то не вороги.

— Кто же это?

— А повидишь.

Справа ясней раздался мерный, тихий плеск весел. Все притаили дыхание. Из колыхавшейся густой осоки медленно выплыло что-то дивное, черное. Еще минута. Востроносый, ходкий челн с размаха влетел между казацких лодок.

— Здоровы были, братья по Христу,— проговорил голос с челна.

— И вы, братья молодцы, будьте здоровы.

— Харько? — спросил Чепига.

— Он самый.

По челну зашлепали кожаные, без подошв, чувяки. Здоровенный плечистый некрасовец обрисовался у кормы; с ним рядом не то болгарин, не то грек.

— Проведешь? — спросил Чепига.

— Проведу,— ответил, просовывая бороду, некрасовец.

— Да, может, опять как тогда?

— Ну, не напились бы, братцы, ракии, была бы наша кочерма. Не боитесь?

— Кошевой звелел,— гордо объяснил другой запорожец, Понамаренко-пушкарь,— а что велено кошем, того ослушаться не можно.

Некрасавец помялся плечами, взглянул на своего сопутника.

— А как поймают да на кол либо кожу с живого сдерут? — спросил он.

— Ну, пой про то вашим бабам да девкам,— презрительно вставил третий запорожец, Бурлай,— а кожа на то она и есть, чтоб ее, когда можно, сдирали... Да черта лысого сдерут. Ты же, брат, коли договариваться, веди; а не то лучше и не срамись. Сколько?

52

Некрасовец условился, передал дукаты сопутнику, тот сел к веслам, и члены потянулись далее по реке. Товарищ некрасовца говорил по-русски.

В воздухе похолодело; к концу же ночи поднялся такой туман, что лодку от лодки трудно было разглядеть, и они держались кучей. В сырой, побуревшей мгле стал надвигаться то один берег, то другой.

– Ну, братцы, кидай теперь сети да греби левей,– тихо окликнул вожак,– не наткнуться бы на их суда. Тут вправо за косой и Измаил.

Сети были брошены. Весла чуть шевелились. Вожак не ошибся...

В побелевшем тумане, как в облаке, против передней лодки обрисовалась громада двухпалубного, с пушками, корабля. Паруса убраны, у кормы ходит в чалме часовой. Не успели его миновать, возле – другой, такой же, выше – чуть видней – третий. С последнего кто-то громко и сердито крикнул.

– Что это? – спросил я некрасовца.

– Ругаются, прочь велят ехать! Палками грозятся отдуть.

Лодки стали огибать остров против Измаила. Близились густые ивы, по тот бок пролива – лесистый, в оврагах холм. Поднимался свежий утренник. Туман заклубился. Кое-где его полосы раздвинулись: из-под них обозначились белые стены, башни, ломаные линии земляных батарей и в две шеренги перед крепостью – весь парусный и гребной турецкий флот.

Сильно забились наши сердца, когда из-за острова мы сосчитали суда, пушки на них и на крепости. "Ну, ваше благородие,– обратился ко мне Чепига,– бери карандаш да бумажку, наноси все на планчик". Я на спине запорожца набросал в записную книжку очерк крепости и стал перечислять суда. Оглянулся – нет лодки некрасовца, как в воду канул.

– Струсили, видно, собаки,– сказали сечевики,– да мы и без них вернемся.

Утро загоралось во всей красе; синий Дунай засверкал зеркалом, крепость ожила; раздались голоса вдоль берега, засновали ялики, где-то послышался барабан, заиграли турецкие трубы.

– Что ж, ребята? – спросил я, поняв исчезновение лоцмана.– Не отдаваться ж в полон живым?

– Не отдаваться. Взяли, перевертни, деньги, да, видно, чертовы головы, нас и продали.

– Выводи лодки к берегу,– сказал я, кончив набросок,– там камышами – и в лес.

– В гущине батька лысого найдут,– прибавил Чепига,– сперва вместе, а заслышим погоню – врассыпную.

– Хлеба осталось? – спросил я.

– Осталось.

– Ну, кого Бог спасет, авось и до своих доберемся.

Втянув лодки к заливу, мы с ружьями бросились на берег. Почва шла болотом, потом в гору, кустами. Сплошной безлистый лес сомкнулся вкруг нас. Сначала нам мерещилась погоня. Мы ускоряли шаги, чуть переводили дыхание. Но вскоре все стихло. В полдень мы отдохнули, закусили – воды только не добыли – и перед вечером подошли к окраине леса, окаймленного голым песчаным пустырем. Далее опять начинался сплошной лес. Чтоб нас не открыли, решено было пройти этот пустырь ночью.

Чуть смерклось, мы разделились. Одни, без перепон, направились к берегу в надежде поискать лодок, другие – прямо долиной. У всех была надежда, что по ручью, протекавшему в долине, должны оказаться болгарские поселки. "Если нас не скроют, то хоть накормят, укажут путь",– толковали мы, пробираясь по мягкому, белому песку. Учредив сей марш, мы шли долго. Начинался рассвет.

Вдруг что-то прозвучало. Окрестность будто охнула. Мы замерли. То был выстрел, за ним раздался другой. "Это наши",– смутно пронеслось у каждого в мыслях.

– Что ж, братцы,– сказал я,– ужли пропадать товарищам? Верно, их открыли; надо попытаться им помочь.

– За мной! – крикнул Ловцов.

Мы взвели курки, направились к берегу. Песок сменился трясиной. Ноги вязли в болотной траве. И вот мы добежали. Стал виден берег. Вода забелела меж кустов.

– Здесь, братцы, здесь! – заслышав голоса, не утерпел и крикнул Ловцов.

Под ивами что-то шелохнулось. Сверкнул огонь, грянул протяжный ружейный выстрел. Мы сквозь дым бросились к камышам; Там, отталкиваясь баграми, в двух душегубках отчаливали от берега ушедшие вперед наши товарищи. Мы добрались к ним по пояс в воде. Лодки поплыли из залива. С середины реки обозначился оставленный нами берег.

Под ивой, как теперь помню, стоял здоровенный, толстый турчин, в красной куртке и с обнаженной бритой головой. Он наводил мушкет на лодку и изредка по нам стрелял. Поодаль от него, нагнувшись к земле, возился над чем-то другой турчин. Между ними на пригорке неподвижно белело что-то навзничь распластанное; ближе к берегу еще двое, без движения. Мы оглянулись друг на друга, перекрестились.

Жив ли остался Ловцов или погиб с другими, попавшими под выстрелы турок, о том мы узнали не скоро. Скрывшись от новой погони в островах, мы поплыли с заходом солнца – далее и через сутки, измученные, еле живые от голода, дотащились к нашим аванпостам. Весть о нашем поиске разнеслась по лагерю. Все хвалили отвагу разведчиков и оплакивали погибшего Ловцова. Кутузов призвал меня, слегка попенял и даже пригрозил арестом, но кончил тем, что через два дня мне же поручил препроводить в Яссы запорожцев, бывших на поиске, и лично передать светлейшему набросанный мною очерк Измаила и стоявшей там флотилии.

Никогда я не забуду ощущений, с которыми вновь подъезжал из лагеря к Яссам. Мысль о потере Ловцова не давала мне покоя, мучила меня. "Я виноват в его гибели,– говорил я себе,– зачем было его брать. Я знал его пылкость, несдержанность; притом же он близорук, нарвался прямо на пулю... Боже, Боже! За что такие испытания?" Я отдал все, что имел, все свои вещи, деньги, даже подарок матери – часы, лишь бы узнали о нем. Все розыски были тщетны.

Передовая телега, везшая меня, чуть двигалась в ночной тиши. Другие с запорожцами поотстали. Небо ярко горело звездами. Вот Медведица, золотой сноп Стожара. Я с замиранием сердца вспоминал, как любовался этими же звездами в корпусе с Ловцовым. Сколько ожило в памяти с ними: экзамены, выпуск, первые на службе шаги, Пашута и первая любовь. Живо представлялись мне дни у бабушки, поездки в усадьбу Горок, корпусные письма, приезд Ольги Аркадьевны, столкновение в театре и рассказ попадьи. Боже! Зачем не состоялся поединок? И зачем здесь, в Турции, погиб он, не повинный ни в чем, а я жив, не убит? Она бы узнала, оценила бы меня... "Вот преданность, вот любовь! – прошептала бы она, прочтя мое имя в реляции.– Он не вынес, ушел на поприще славы и пал героем..." Ужли ж и вконец отвернулась от нас слава? Ужли никуда мы не двинемся, не предпримем ничего, и правы запорожцы, что светлейший, как редька в огороде, засел по шею в сомнениях и вечных колебаниях? Нет, я везу ему точный снимок Измаила и флота. Пригодились корпусные уроки фортификации. Он взглянет и, нет сомнения, объявит поход.

VIII

Я присутствовал при аудиенции князя Григория Александровича запорожцам.

Потемкин вышел к ним с гордой осанкой, в богатом гетманском

кафтане, в лентах и орденах. Войсковой судья черноморской казачьей команды, охранявшей квартиру главнокомандующего, умный, сметливый и "письменный" Антон Головатый был назначен Поповым представить князю прибывших удальцов. Те, как были наскоро отправлены из лагеря в дорогу, стояли отрепанные, в порванных рубахах и свитах, иные даже босиком. Светлейший принял их за нищих.

— А где ж твои храбрые молодцы? – спросил он, оглянувшись на Головатого.

— Да это ж, ваше превелебие, они и есть,– ответил с поклоном войсковой судья.

— Неужели начальство поскупилось получше снабдить их в дорогу?

— А что нужно, батько ты наш, хоть бы казаку? – ответили запорожцы.– Роспытались мы у коша, кошевой сказал: идите с добрым человеком; ну мы и пошли, а их благородие и списали планчик.

Потемкин взглянул на меня. Я ему подал рисунок. Он, очевидно, меня не признал – так я загорел и огрубел за это время.

— Теперь, княже, нет уж опаски,– сказал Чепига,– турчинова фортеция как на ладони. Звелите, ваше высокопревелебие, и побей, Боже, нас и наших детей, коли не заберем измаильского пашу со всеми его пашенятами.

Потемкин вскользь поглядел на рисунок, опустил его в карман и, покачав головой на щеголей штабных, стоявших здесь же в стороне – "не вам, дескать, чета",– объявил производство некоторых из запорожцев, в том числе и Чепигу, офицерами. Всей партии казаков, бывших в поиске, князь повелел новое, полное, по их обычаям, платье и по сто червонцев. Деньги и платье запорожцы, впрочем, к слову сказать, пропили меньше чем в трое суток и, не выезжая из Ясс, отретировались обратно как приехали, в лохмотьях. Радостям их не было конца. "Поход, поход!" – толковали они, распевая свои заунывные боевые песни. Вышло, однако, иначе.

Мне, как главе разведчиков, светлейший назначил особый прием.

— Думаешь, буду хвалить? – спросил он, вынув из баула и вновь рассматривая привезенный мною рисунок.– Отличились вы, флотские, один даже чуть ли не погиб. Но ни к чему, братец, все это, ни к чему,– прибавил, нахмурясь, Потемкин,– не в том дело...

Я онемел от этой неожиданности.

— Согласись,– продолжал он,– ты свежий человек и в Гатчине проходил достойную почетную школу. Я говорил всем, доказывал. Мы заморим турок осадой, заставим сдаться, возьмем далее ряд других крепостей; а нам... ох, что, сударь, и говорить! - объявят вдруг – баста, ни на пядень! – и пропадут задаром все труды, вся кровь, вся честь...

– Кто же скажет, ваша светлость? – осмелился я спросить.

– Есть такие,– произнес он загадочно.

Порывшись в бумагах, Потемкин отложил одну из них и прикрыл ее бронзовой накладкой.

– Отважный подвиг твой и этих смельчаков,– продолжал князь,– изобличает в вас достойных всякой похвалы слуг. Я тебя давеча не признал. По твоему отличию и квалитету о тебе уже репортовано выше. Но это все, братец, ни к чему. Вы рветесь, ты особенно; это понятно и делает тебе честь. Я тебя не забыл; памятую твой вызов принять и выполнить такую комиссию, в коей бы видна была твоя персональная послуга. Готов ли ты, Бехтеев, сдержать слово? Ныне найдется дело и для тебя...

– Приказывайте, располагайте жизнью моей, мной!– воскликнул я в радости.

Князь позвонил. Вошел Попов.

– Где Бауэр? – спросил Потемкин.

Секретарь удивился вопросу.

– Где, в каком месте нынче Бауэр? – нетерпеливо застучал князь по столу пальцами.

– Проехал Буда-Пешт, может, и Вену.

– Французский язык знаешь? – обратился ко мне Григорий Александрович.

– Сызмальства, в доме родительском, и опять же в корпусе обучен.

– А ну прочитай, вот, Бехтеев,– сказал он, протянув мне книгу.– Недурно; расскажи теперь попробуй прочтенное своими словами... Слышишь, Василий Степаныч, видно, на Жоконде зубы проел, как и мы с тобой... Певуна, всякого петиметра за пояс заткнет. Ну изготовь же, по этой материи, бумаги и все, что нужно. В командировку, сударь, нынче ж в ночь выедешь.

– Куда, ваша светлость? – спросил Попов, вглядываясь в поданный ему, мелко исписанный каракулями светлейшего, листок.

– Ах, батюшки, куда! Известно, вдогонку Бауэра, в Париж... Наговорили болтуны – почти без каблуков.., А оказывается, чуть не в полтора вершка. Прасковья Андреевна, сударь, вычитала в "Вольном корреспонденте",– обратился ко мне Потемкин,– что при платье а-ля бёль-пуль дамы нынче опять носят и башмаки с высокими выгибными каблуками. Каблуки, именно каблуки; без них ни шагу... Так готовься, братец, поедешь в подмогу Бауэру. Ум хорошо, два лучше. Хлопочите, помогите угодить фрерушкиной супруге.

Попов сделал мне знак уходить. Князь меня остановил.

– Перед отправкой зайди сюда,– сказал он,– получишь еще лично от меня цидулку к королевскому башмачнику, как бишь его?.. Они разрушили Бастилию, грозят самому трону, религии, а деспот – мода – не дает им покоя, властвует ими, как детьми... Всем российским мотам велено выехать из Парижа; Бауэру и тебе – исключение. Ты рвался из усердия бить турок; поусердствуй пока иначе, барыне постарайся угодить. А что выгодней в жизни – это, брат, еще бабушка надвое сказала. После сам увидишь и поймешь...

Удивило меня, а потом и разобидело это решение. "Как? Офицеру покупать башмаки для какой-то Прасковьи Андреевны? Супруга фрерушки! Да мне-то какое дело? Выкидывал штуки светлейший, и к ним уж привыкли,– но такой, да еще с носившим мундир гатчинских батальонов,– я не ожидал".

Повеся нос, в досаде на всех и все, я возвратился в "кафан", где нанял квартиру. Офицеры бросились меня поздравлять.

– Отменный, завидный случай, верная тропа к отличиям.

– Да в чем же дело?– спрашивал я.

– Как в чем? Неужто не знаешь? Во всем городе и в лагере только и говору, что о новой причуде Таврического. И кому ж выпало на долю ее совершить? Ближнему, любимому адъютанту князя Бауэру и тебе, Бехтеев... Оба как бы в один ранг поставлены... Такие поручения не забываются. Любимый предмет, властительница сердца, жена двоюродного братца светлейшего. Радуйся да скорехонько отъезжай, а то как бы еще князь не раздумал. С ним это бывает.

Получил я от скупяги Попова подорожную на фельдъегерских, прогоны и щедрое пособие на подъем, а в прощальной аудиенции от князя несколько приватных писем, и в том числе небольшой пакет с надписью: "Распечатать через неделю, по прибытии на место".

На другой день я отправился в столицу Франции. Завистники штабные провожали меня вежливо и искательно; но я видел ихх двусмысленные улыбки и слышал их шепот: "Фельдъегерь по башмачной части; не вывезли батальоны, вывезут выгибные каблуки".

В Париже с появлением странных комиссионеров поднялась буря толков и всяких пересуд. Я застал Бауэра вне себя от беготни по магазейнам, в возне с башмачниками и поставщиками модных вещей. Он выбивался из сил, хлопоча лично и через подходящих агентов в приискании, по привезенной мерке, башмаков, с отделкой из перьев или а-ля бёль-пуль. "Des souliers pour madame Potemkine!"[4] – тараторили на все

---

[4] Ботиночки для мадам Потемкиной (фр.).

лады словоохотливые французы. Вести о новоприбывших курьерах главнокомандующего дунайской армии понеслись всюду, выросли в чудовищные размеры.

Отчаянным и ветреным парижанам такая фанфара была на руку. Столица первого в Европе народа была польщена прихотью могучего русского вельможи. И там, где уже второй год царили якобинцы, где во имя прав человека были уничтожены церкви, монастыри и всякие внешние отличия, где духовенство присягнуло народу и закону, где выходили газеты Лустало "Революции Парижа" и Марата "Друг народа" и толпа валила смотреть на празднество федерации на Марсовом поле и на политическую трагедию Жозефа Шенье "Карл Девятый",– там все заговорили о русском фельдмаршале, удостоившем командировать своего адъютанта в столицу великого народа за покупкой изобретенных этим народом башмаков. Уличные крикуны с портретами Мирабо, Бальи и Лафайэта вынесли на продажу изображения Потемкина. Газеты приводили десятки анекдотов из его жизни, уверяя, что князь в Яссах посажен своей возлюбленной на хлеб и на воду и что она его не выпустит, пока фельдмаршал не добудет ей желаемой обновки. В окнах книжных магазинов явился печатный, с карикатурами, памфлет, где был изображен султан, подающий на коленях фаворитке князя собственную обувь. Некий же догадливый содержатель театра и музыкальный композитор написал даже по сему случаю преострый, с куплетами, водевиль под именем "Бедствия Северного Рыцаря", на представления которого публика повалила, как на некое диво. Мы сами с Бауэром инкогнито были на том представлении и хохотали от души над пьесой, где остроумно изображали нас самих.

А в то время как парижане занимались водевилем и всей этой историей нового чудачества светлейшего, контора российского банкира Сатерланда отсчитала перед некоей, еще недавно высокочтимой и титулованной красавицей по векселю князя шестьдесят тысяч ливров золотом.

Дело в том, что пришел указанный срок. Я распечатал особо мне врученный пакет, нашел вексель и краткую инструкцию относительно банкира и оной дамы. Обсудив с Бауэром, как исполнить указанное, мы разделили роли. Он тайно доставил запечатанное письмо князя даме, я – вексель и ордер светлейшего банкиру.

Впоследствии объяснилось, что названной красавице было предложено ловкой рукой выбрать из бюро страстно влюбленного в нее, вновь назначенного французского министра иностранных дел Делесара нужные для князя дипломатические тайные бумаги. Золотой ключ отпер дверь и придал ей крылья бабочки и благопотребную решимость льва.

Она слетала, куда следует, изловчилась и возложенную на нее порученность спроворила отменно успешно. Копии с нужных бумаг нам были переданы в переплете вновь вышедшего кодекса "Прав человека", а подлинники бумаг положены на прежнее место.

Тут я с Бауэром простился. Он остался укладывать в картоны и сундуки вороха бархатных, шелковых, сафьянных и всяких башмаков и расплачиваться с лавочниками и мастерами. Я же навестил двух первых в Париже медикусов, аки бы для совета о больных глазах, бережно упаковал в сумку книгу "Прав человека" и пустил слух, что еду для консультации с врачами еще в Италию. Через Милан и Триест я прибыл в Вену, дождался там Бауэра и, одновременно с ним и с его модною поклажей, явился обратно в Яссы в конце ноября.

Содержание доставленных документов оставалось долгое время для всех тайной. По смерти же князя, при разборе его бумаг Поповым и Бауэром, оказалось, что то была копия с секретного отказа французского кабинета первому министру английского короля Георга Третьего. Наперекор стоявшей за нас оппозиции бессмертного Фокса и его друзей, Портланда и Девоншира коварный и скрытный Питт предлагал для возбуждения английской нижней камеры и в видах отвлечения французских умов от возраставшей парижской неурядицы заключить оборонительный и наступательный договор Англии с Францией с целью принудить русских к остановке войны против Турции. Франция отказала. Прочие державы под влиянием Англии были до того в великой ферментации; нам грозили войной с Пруссией, даже Австрия клонила наш кабинет к принятию негоции мира с Турцией – одна отдаленная Гишпания была спокойна... И вдруг руки наши развязались.

Получив такое сведение, Потемкин увидел, что дело Восточной системы спасено.

– Василий Степаныч,– крикнул он Попову, пробежав поданные ему бумаги,– бал на завтра, танцы и балет, с фейерверком... Молодцы, господа! – обратился он к Бауэру и ко мне.– Прасковья Андреевна сама оценит ваше усердие и поблагодарит.

Бауэра он кликнул в кабинет, а подойдя ко мне, опустил руку в карман и запел по-церковному: "Кресту твоему поклоняемся, Владыко!" Он хотел нацепить мне в петлицу орден; я его остановил.

– Иной награды, коли стою,– осмелился я произнесть.

– Какой? Всего проси: заслужил.

Я передал о захвате отцом Зубовых имения моих родителей.

– И грабителей проучим, и от креста не уйдешь,– сказал светлейший,– возвращайся к армии и решпектуй от меня Михаиле Ларивонычу; мысли ваши на днях будут утешены.

60

IX

Едва я возвратился к колонне Кутузова, где меня тем временем причислили к егерскому полку, пришла весть, что нашей гребной флотилии, взявшей Тульчу и Исакчу, удалось прервать сообщение Измаила с не занятым нами правым берегом Дуная. Множество запорожских чаек и заготовленных в Севастополе шхун, дупель-шлюпок, полакр, ботов и галер вошли гирлами в реку, подтянулись к занятым нами крепостцам. Пользуясь этим, светлейший предписал командиру корпуса Гудовичу занять десантом ветров против Измаила, устроить там в тайности кегель-батарею и, начав обстреливание самой фортеции, подойти к ней с суши и от реки и попытаться взять ее осадой. Стало известно, что в Стамбуле опять усилилась партия войны; муфтий, стоявший с матерью султана и сералем за мир, был сменен. Порта напрягала последние ресурсы с щелью выбить нас из занятых ею владений.

Обложение Измаила началось по этому плану 21 ноября. Войско вздохнуло отрадно.

Но где было изнуренному непогодой, болезнями, бездорожьем и всякими лишениями двадцативосьмитысячному отряду, половину коего составляли казаки, мериться с грозной фортецией, снабженной в обилии съестными, огнестрельными и прочими припасами, в которой за неприступными земляными и каменными твердынями сидел с сорокатысячным отборным и свежим войском сам сераскир Мегмет-Аудузлу-паша? Первый пыл армии, обрадованной приступом к действиям, прошел. Начались сомнения, колебания. Позднее ж время года, непрестанные проливные дожди, грязь и болезни в войске еще более усилили общий упадок духа. Через неделю по начатии осады Гудович созвал военный совет для обсуждения вопроса: продолжать ли предприятие или ретироваться на винтер-квартиры? Генералы после недолгих колебаний решили отступить.

Мы двинулись по убийственным дорогам, затопленным дождями и разбитым нашими же обозами, в обход болот, у озер Кугурлея и Ялтуха. Предписано было идти к Реиш и Галану, где, вопреки общему мнению и к удивлению всех, сидел в то время как бы нарочно забытый и всеми оставленный любимец армии и всего русского народа бессмертный Суворов...

Был сквернейший холодный и сырой вечер второго декабря 1790 года.

Колонна Кутузова, где мне дали в команду роту фузилеров, шла целые сутки, но сделала по лесистым топям и оврагам не более пятнадцати – двадцати верст, каждый час, каждый миг ожидая, что вот растворятся ворота Измаила и в нашем тылу раздадутся грозные крики преследующих турок. Авангарду скомандовали привал. Кое-как установили обоз и разложили по мокрому песку костры.

Налетевший мелкий, сквозь сито, дождь то и дело тушил еле тлевшие бурьян, сучья и кукурузные стебли. Обмокшие, прозябшие солдаты толпились у ротных котлов. Офицерство забралось к чайникам в наскоро разбитые палатки. Сумерки сгущались. Я не мог обогреть у слабого огня продрогнувших, окоченелых членов и стал, разминаясь, прохаживаться между палатками.

Влево от авангарда виднелась темная полоса озера; вправо – ряд пустынных бугров, кое-где поросших мелким кустарником. Ноги скользили в жидкой, расползавшейся во все стороны грязи. То здесь, то там в сумерках, под шуршание и назойливый писк зарядившего на всю ночь дождя, слышался говор солдат.

– Тоже егерями зовутся, круподеры,– толковал кто-то под навьюченной фурой недовольным, старым басом,– двадцать лет в полевой да в гарнизоне шесть, и опять взяли – служи. А какова ноне муниция? Один шомпол на двух... Были каски: зимой – холодно, в дождь – в загривок, как из трубы...

– Зато ноне кивера,– перебил говорившего молодой, веселый голос,– ах, братцы, ну чисто ощипанный кочет; спереди – хохол, сзади – лопасть; в зимушку опять будешь без щек и ушей.

– Нет, ты, дядя, уважь – когда жалованье? – спросил третий голос из-за палатки, скосившейся над лужей.– Две трети его и в глаза не видели. От кукурузы да от треклятого напушоя животы подвело. Сена коням не дают; можно, мол, и на подножном... А подножный что? Нынче грязюка, завтра снег.

– Хорош тоже хоть бы сам-от,– продолжал первый критикан, очевидно, о Гудовиче,– под Килией ни разу его, как есть, и не видели на брешь-батарее; все из лезерва, даже в тумане, в подзорную трубку глазел.

– Да! Ты вот лоб подставляй,– отозвался кто-то, прокашлявшись, от коновязи,– а они и к параду в обедни не выходят. То ли, братцы, Линксандра Васильич...

– Суворов?

– Ну да... Это – хоть бы в очаковскую зиму. Стоим мы, братцы... ах, в жизнь то есть!.. ну как есть!

Дождь будто перестал. Я набил трубку у костра, закурил; слышу, толкует в стороне кучка отставших артиллеристов.

– Хучь бы тебе выгода какая, ли лагерь взяли – провизии, ли город – серебра, золота. Портки в дырьях, сапожишков и звания нет.

– Зато, Евсеич, у светлейшего, видел ли, гранодеров холопами; вырос дубиной, хорошо подал тарелку за фриштыком, ну, он те сейчас и в офицеры.

– Для виду только?

– Какой для виду! Портного за кафтан – в подпрапорные, молдаванчика-серебреника – в корнеты, булочника пожаловал в подпоручики. Лошадей у него более двухсот, и все, братцы, кормятся на счет кирасирского и драгунского полков. А подрядчики грабят! Вот антихристы... Зашел это я к Семен Митричу, разут, совсем ознобели щиколки; последняя подошва в луже у моста осталась. А он жрет мамалыгу, смеется: ты, говорит, вприпрыжку...

– Ах, жизнь! Ах, горе! И нет на них, людоедов, суда-расправы.

– Австрияк, сказывают, своих вешал. Вот бы нашим-то...

– Держи карман, на наших толстошеее, видно, веревка еще не сплетена...

Дух тогдашнего армейского критиканства мне был не в новость. Но то, что привелось услышать в дни нашей ретирады, смутило меня сверх меры. Я возвратился в палатку, прилег на влажных снопах, где уже расположились трое других офицеров, и завернулся в шинель.

Лагерь смолкал. Пригорок, на котором стояла наша палатка, был в передней линии авангарда. Внизу виднелись лужи узкого проселка, ведущего к мосту через ближний ручей. С вечера долго слышались с той стороны крики погонщиков-молдаван, тащивших на волах через дырявые мостовые горбыли отставшие пушки какой-то батареи,

Из-под обвисшей, намокшей парусины было видно, как над окраиной долины бежали низкие, бурые, клочковатые облака.

– Господи! Хоть бы уж замирение,– сказал в ответ высокому, широкоплечему майору Неклюдову лежавший возле меня, больной лихорадкой, молоденький, вечно жалующийся и разочарованный в ожиданиях, прапорщик Гуськов,– в два месяца хотели Константинополь взять! По неделям рубахи не меняешь, от карпетов осталась какая-то копия; накинул барабанщик из старого кивера подметку,– а она, анафема, как окунь, опять есть просит, эту хлябь так и всасывает...

– Ну, миленький, все простишь, как у тебя это убеждение, что тебя не тронет ни штык, ни пуля,– возразил ему, весело вскидываясь из-под шинели и садясь впотьмах палатки, Неклюдов,– мне, господа, цыганка в Яссах гадала, что я кончу поход не токмо жив, даже не ранен.

– Избегнешь раны, как раз! – сердито кашляя, произнес больной Гуськов.– У них штуцера Цельнера и Гамерле, пистолеты Лазаря Лазарини. С нашими только осрамишься. Вон и Ловцов был уверен...

– Да ведь он жив?

– Хороша жизнь в Измаиле, в плену... Когда-то еще храбрый росс надумает и придет его избавить...

Долго я слушал, притворяясь, что заснул. У самого все было промочено до костей. Стыд за себя и за других теснил мысли. Боже, хоть бы из-за угла шальная какая пуля! Крупные капли изредка мерно падали сквозь дырья парусины то на руки, то на лицо. Сон стал одолевать, но я пробуждался, взглядывал в щель двери, прислушивался к звукам ночи. Что-то шлепало по грязи, ветер шатал палатку, шелестил травами и камышом. Чавкали фурштадтские клячи; жалобно завывала где-то полковая собачонка. Вправо, на чуть видном пригорке, светился фонарь у ставки Кутузова.

Вдруг я вскочил. За шею побежала накопившаяся над заплатанной парусиной холодная дождевая вода. В то же время влево от моста послышалось топанье конских копыт. "Что бы это было? – подумал я.– Откуда явиться коннице? Уж не янычары ли пробрались в обход?"

Накинув наскоро шинель, я вышел из палатки. Дождь перестал. К пригорку, брызгая по лужам, пробирались гуськом всадники. В начинавшемся бледном рассвете я разглядел казачьи шапки и пики.

– Чья колонна? – спросил, завидев меня, передний, останавливая у взгорья поджарого, тяжело дышавшего впалыми ребрами, горбоносого кабардинца.

– Шестая, Кутузова,– ответил я, видя, что часовой у въезда в лагерь вытянулся перед всадником во фронт.

– Какие части? – продолжал тот.

– Три батальона егерей, два гренадеров и сотня бугских стрелков. За ними ночует отряд Самойлова и часть артиллерии Мекноба...

Говоря это, я приблизился и разглядел всадника. То был худой, подвижный, с маленьким личиком старик; длинные седые локоны выбивались из-под намокшего треугола. Серая, подпоясанная ремнем, старенькая шинель была черная от дождя. Комки жидкой грязи облипали высокие сапоги, обвислые фалды и руку, в которой была нагайка.

– Офицер? – крикливым, добрым голосом спросил старик, склонив ко мне обветренное и чуть видное от брызг грязи лицо.– Ну, ваше благородие, уважь, веди нас к Михаиле Ларивонычу. Старый знакомый... Что смотришь? Гонцы, голубчик, с повелением, из главной квартиры, гонцы... пристойная знатность, помилуй Бог!

– Позвольте узнать, с кем имею честь?

– Цимлянской станицы старшина, Фрол Терентьев Балаболкин.

Я, как подобает, отдал честь прибывшему и повел его к ставке

64

Кутузова. Спутники старика двинулись следом, с удивленными лицами оглядывая меня и как бы меж собой перемигиваясь.

– Так вы, сударики... на попятный? Отступать? – насмешливо допрашивал, обдергиваясь и оправляясь в седле, именовавший себя Балаболкиным.

– Разве мы? – ответил я.– Мало ли чего хотелось бы. Велено, нечего рассуждать.

– Гости хорошие и вести такие же,– проговорил и прищелкнул пальцами старик.– Не крикнет трижды петел, отречетесь от принятых решений: а ты, козырь! Ишь, встал раньше всех... молодец!

Меня что-то как бы подталкивало и подмывало. Сам не понимая почему, я точно на крыльях летел. Странное, сладкое чувство всего меня наполняло.

Среди луга, отделявшего два взгорья, была широкая водомоина. Рыжий кабардинец старика заупрямился. Я подобрал плащ, шагнул в воду, взял коня под уздцы и перевел через колдобину.

– Эх, важно! Так, так! – ободрял всадник, видя, как я шлепаю ботфортами по воде.– Да ты в воде, как дома... уж не из моряков ли?

Я ответил, что из моряков.

– Покинул Рибаса? И хорошо сделал... Ротой командуешь? Молодец! Штык, он лучше, брат, всякой лодки доедет...

Мы добрались до палатки отрядного командира. Кутузов был уже на ногах. Денщики возились у распакованной фуры, ставили самовар. Толстенький, румяный и невыспавшийся адъютант Кнох что-то с недовольным видом писал под диктовку Михаила Ларионыча на барабане. Сам Кутузов сидел на опрокинутом ведерке; полковой фельдшер в фартухе выбрил ему правую щеку и подновлял мыло на левой.

Не успел я с рукой у шляпы отрепортовать генералу о прибытии из главной квартиры такого-то гонца,– всадники, пробравшись между фур, тоже наспели к палатке. Передовой вскочил наземь, бодро встряхнулся, бросил поводья ближнему из казаков и мелким бойким розвальцем двинулся к генералу.

– Хорош Балаболкин!.. Батюшка граф Александр Васильич! – вскрикнул Кутузов, отстранив фельдшера и вставая навстречу гостю.

– Ура! – весело произнес, оглядывая всех и махая мокрой шляпой, гость.– Таким богатырям да отступать? Назад! Обратно, с походом...

"Генерал-аншеф Суворов! Ужли он? Откуда?" – послышались голоса вблизи меня. Я обмер в радости и удивлении.

Суворов и Кутузов дружески обнялись.

– Вы, сударь, с вами Гудович, Голицын, Мекноб и Рибас, все,– продолжал Суворов, не выпуская из перепачканной, худой и красной своей руки полных белых пальцев Кутузова,– все части отныне становятся под мою верховную команду.– Кутузов, моргнув зрячим глазом, почтительно приставил ко лбу пальцы свободной руки.– А потому, батюшка, ординарцев сюда, штабных, вестовых, трубача! Снимать лагерь. Да-с... Мешкать нечего... Приятно будет неверным, фуй, вот как приятно-с! – как пилюля полынная... Нынче ж к вечеру на прежние позиции к Измаилу; а завтра... помилуй Бог!.. увидим, как поступить.

Кутузов оглянулся на адъютанта. Суворов придержал его за руку.

– Повелено,– произнес он,– взойдя тут, сызнова ложироваться во что ни стало... а потом... Ну да увидим, батюшка... увидим, сударики мои... А впрочем, вот тебе, Михайло Ларионыч, и на бумаге...

Тут Александр Васильич отстегнул лацкан кафтана, вынул отсыревший порыжелый пакет, вручил его Кутузову, и оба они, давая друг другу дорогу, с аттенцией и молча, вошли в палатку.

"Суворов, Суворов!" – понеслась радостная весть по лагерю. Все ожило, задвигалось. "Какой приказ? Наступление? Голубчики вы мои, дождались-таки праздника!" Одна мысль, что Суворов в авангарде, переродила общее настроение. Все рвалось вперед. "А эти сербины, босняки, болгарчики – сущие хохлы, наш брат,– толковали ликующие солдаты, недавно еще ругавшие за разные прижимки одноплеменников.– Как есть свои, и крестятся по-нашему, и все... И отчего матушка царица их не заберет совсем у турка?" Как нарочно, переменилась и погода. Тучи подобрались, стали расходиться. Выглянула полоса чистого синего неба. Начало подмораживать. Лагерь копошился, снимая палатки, вьюча и запрягая фуры.

В полдень Суворов вышел из ставки Кутузова тоже выбритый, в синей шерстяной фуфайке и в чистом белом колпаке.

– Не видать что-то моих соколов,– сказал он, щурясь против солнца,– уж и ждала ж, ждала свово друга молода...

– Не это ли, ваше сиятельство? – осмелился я указать на ручей.

От моста на луг повзводно въезжал конный отряд. За кавалеристами тянулись, блестя штыками и бляхами шляп, шеренги фанагорийского, везде следовавшего за любимым вождем, егерского полка.

– Спасибо! Вторая послуга... Быть тебе в моих ординарцах,– сказал, взглянув на Кутузова и быстро на одной ноге обратясь ко мне, Суворов,– дай им знать, что, мол, дядюшка тут; щи, каша готовы. Тащи их к котлам... Понял? Штык, внезапность, быстрота... вот наши вожди – не отставай и ты.

Я поспешил навстречу подходившему отряду. Но как забилось мое сердце, когда я узнал, что в тот же день меня причислили к штабу Суворова. Я расположился при главной походной квартире и, пока жив, не

66

забуду того, что я тут испытал и чему сделался очевидным и глубоко тронутым свидетелем.

Ранней утренней зарей третьего декабря бывший отряд Гудовича, обратясь вспять, как снег на голову, вновь появился перед твердынями Измаила. Колебаний, безнадежности не было и следа. Малодушные порицатели смолкли. Дух героя зажег бодростью и рвением робкие, упавшие сердца.

В войске так объясняли это событие: на донесение Гудовича о крайней невозможности взять Измаил Потемкин от 25 ноября из Бендер прислал ответ: "Вижу пространственные ваши толкования, а не вижу вреда неприятелю",– и тогда же послал в Галац приказ Суворову: "Вести штурмование и, буде окажется можно, взять Измаил". Суворова в этом письме светлейший называл "милостивым другом", а себя "вернейшим слугой". Ответ Суворова князю состоял в двух строках: "Получа повеление, отправился к Измаилу. Боже! Даруй нам помощь свою".

Потемкин между тем вскоре впал в новые сомнения. Получив известие, что Гудович уж отступил, он послал вдогонку Суворову от 29 ноября новый ордер: "Известясь о ретираде корпуса Гудовича, предоставляю вашему сиятельству поступить тут по лучшему усмотрению,– продолжением ли предприятий на Измаил или его оставлением. Вы на месте, и руки у вас развязаны". Но Суворов решил более не поддаваться таким шатаниям. Он по-своему объяснил новый приказ главнокомандующего. "Воля отступать и не отступать,– сказал он, прочтя бумагу,– следовательно, отступать не приказано". В таком смысле, положа все на мере, и повел дальнейшие приготовления.

Войско, двинувшись, расположилось полукружением в трех верстах от Измаила, заняв почти двадцать верст вдоль реки Дуная. Установилась ясная, морозная погода. Ветер и стужа увеличились. Стали греться ракией и пуншами из модного рижского бальзама. Суворов повелел поддерживать день и ночь костры. Приготовив лестницы и фашины, он обучал по ночам войска действовать ими; осматривал с инженерами удобные местности и отряжал вылазки, а чтоб турки предполагали возобновление правильной осады, диспонировал и возвел ряд батарей, чуть не в полсотне сажен от бастионов Измаила, откуда нам и стали отвечать непрерывным ожесточенным огнем. Наводчики наши, направляя орудия, дули в замерзшие кулаки и, пуская снаряды, приговаривали: "Ишь, бабушка Терентьевна, как сморкается! Ну-ка, уважь, еще уважь..."

Громадных размеров фортеция, по обширности своей названная турками "орду-калеси", то есть "сбор войск", занимала в окружности десять верст. С Дуная ее окружали каменные стены; с суши – земляной вал в четыре сажени вышиной, со рвом еще глубже. В ней было до трехсот

67

пушек и сорокатысячный гарнизон, наполовину из отчаянных спагов, зейбеков и янычар.

Седьмого декабря 1790 года генерал-аншеф Суворов послал сераскиру Мегмету-Аудузлу-паше, "всем почтенным султанам" и прочим пашам прокламацию с требованием без напрасного кровопролития сдать крепость, дабы могли быть пощажены от раздраженного воинства женщины, младенцы и другие неповинные. Гордый сераскир, отказавшийся незадолго от принятия визирского достоинства, отвечал через парламентера: "Скорей Дунай остановится в своем течении и небо упадет на землю, нежели сдастся гяурам Измаил".

X

— Сами захотели, ну, попробуют! — сказал Суворов, огненным и радостным взором пробежав перевод хвастливого ответа паши.

Узнав, что сераскира в его решимости поддерживали некоторые из пашей и, между прочим, брат крымского хана Каплан-Гирей, бывший в Измаиле с шестью молодыми сыновьями, Суворов уведомил Аудузлу, "что если тот в двадцать четыре часа не выставит белого флага, то крепость будет взята приступом и гарнизон ее соделается жертвой ожесточенных воинов". Сераскир в ответ на новое уведомление графа удвоил канонаду с крепостных окопов.

А к вечеру примчался от светлейшего новый гонец. Страшась неудачей омрачить себя и славу вверенных ему войск, Потемкин окончательно отменил посланные перед тем распоряжения и предписывал Суворову "не отваживаться на приступе, если он не совершенно уверен в успехе". Суворов ответил князю: "Мое намерение непременно. Два раза было российское войско у ворот Измаила,— стыдно будет, если в третий оно отступит, не войдя в него".

Ночью девятого декабря был созван окончательный военный совет.

Все первенствующие в армии генералы под разными предлогами на это совещание почему-то не удостоили явиться. Дело решилось тринадцатью второстепенными командирами. Бригадир Матвей Платов, будучи как младший из всех спрошен вначале, первый подписал резолюцию: штурмовать. За ним Орлов, Самойлов, Кутузов; далее и все, колебавшиеся и приходившие в отчяние, положили решение: "Приступить к штурму неотлагательно. И посему уже нет надобности относиться к его светлости. Обращение осады в блокаду исполнять не должно. Отступление предосудительно".

Узнав решение, Суворов вбежал в заседание совета, всех перецеловал и объявил: "Один день Богу молиться, другой учиться; в третий – Боже Господи! В знатные попадем – славная смерть или победа".

Утром десятого декабря была открыта редкая, слабая, с перерывами, пальба с флота и с батарей на суше и на острову, дабы обмануть турок мнимым недостатком у нас пороха и прочих снарядов. К вечеру канонада стихла.

Ночь с десятого на одиннадцатое декабря была последнею перед грозным приступом, который прогремел во всем свете и воспет бессмертным Байроном. С вечера сильный, без ветра, мороз скрепил окольные болота и дорожную грязь. Наступили сумерки. Войско готовилось молча и набожно к битве, где столько тысяч храбрых ожидала лютая, безжалостная смерть.

Меня позвали в землянку Суворова, вырытую в передовой части наших позиций. Это была просторная, без окон, укрытая сучьями и кукурузными снопами, перегороженная надвое яма, с печуркой и дымником в стене и с камышовым щитом вместо двери. Освещалась она свечками, вставленными в пустые бутылки.

Сутуловатый, черномазый полтавец Бондарчук, тогдашний графский денщик, высунувшись с лоханкой из-за перегородки, где стояла походная, складная кровать главнокомандующего, сказал мне: "Звелели, добродию, обождать". По этот бок перегородки, беспечно и мирно, точно где-нибудь на родине, в Гатчине или Чухломе, потрескивали в печке откуда-то добытые сухие поленца. Пахло дымком и столь любимым графским прысканьем – смесью мяты, шалфея и калуфера. Воображение переносило в русскую баню, а в опочивальне графа, кстати, слышались некие приятные вздохи, оханье и как бы плесканье.

– Еще, голубчик, хохлик! Ну-ка, Бондарчук! Ой, Господи! Да важно, как еще! – восклицал Александр Васильевич, очевидно подставляя под лоханку денщика то лицо, то затылок, то плечи.

– Удивляешься? – спросил он вдруг, выйдя закутанный в простыню.– Часочек рекреации! С Покрова, брат, головы не мыл; наутро же знаешь какое дело...

Граф вытерся, опростал голову, сел на какой-то обрубок и протянул к печке худые, волосатые, тоже вымытые ноги, на которые денщик стал натягивать шерстяные стоптанные онучки вместо чулок и сапоги. Все тело графа, впалые плечи и узкая плоская грудь поражали слабостью и худобой. Он, под влиянием приятной печной теплоты, смолк и стал слегка вздремывать.

"И этому тщедушному старику предстоит завтра такое страшное, ответственное дело",– подумал я.

– Пуговичку... ниже, ох, что же это? – проговорил в полусне Суворов и вдруг весело раскрыл глаза.– Молода была – янычар была, стара была – баба стала... Бехтеев, ты тут! Случай, ты не лживка и не ленивка? Скажи, да по правде, любишь Питер?.. То-то, где его любить! Близко к немцам... Оттого и многие там пакости. Всюду, ох, проникает питерский воздух... Прислони, братец, дверь в сенях плотнее,– так-то... Оно спокойнее. Не то, как бы опять из Ясс не запахло Питером! Критика, политика, вернунфты! Сохрани и помилуй от них Бог, помилуй...

Белье и рейтузы были надеты. Денщик, вытянувшись, давно стоял с камзолом и сюпервестом в руках. Но граф медлил подниматься от печки. Я тоже молча ожидал приказаний. Наверху, за дверным щитом, слышался сдержанный шепот, толпились адъютанты и прочие штабные.

– Воскрес убитый Топаль-паша, хромой паша! Воскрес,– проговорил, глядя в печку, Суворов,– как меня, сударь, прозвали турки, за хромоту и совсем было схоронили под Бендерами... Да ожил на страх изуверам и завтра явится, как Божья кара. Сам Петр Александрович, не то что сам Задунайский, меня лично ценил и одобрял. У Вобана, сударь, у Тюреня и Монтекули учились мы вон с Бондарчуком военной премудрости и всякому артикулу. Мы не антишамбристы, не блюдолизы, хоть и вандалы, дикари. Солдаты любят нас, друзья славят, враги бранят... Ну-ка, Прохор Иваныч, другую прежде фуфаечку поверх этой, оно теплей. Да пуговичку... шлифная пряжка намедни лопнула, достал ли иголку, ниточки зашить? Достал? Ну, молодец. А ты, Бехтеев,– вот зачем я тебя позвал: отыщи в чемодане баульчик такой, походную аптечку. Матушка царица Екатерина Алексеевна снарядила ее сама, своими ручками, и прислала мне после Очакова,– вовеки, с ней не расстаюсь. Так ты приладь на плечо и завтра вози за мной. Сердцезритель-Господь чертит каждому путь... Может, кому и пособим.

Хилый, сморщенный старик, кряхтя, поднялся со скамьи, надел камзол, обвязал шею чистым батистовым платком, изрядненько прибрал свой гарбейтель-косичку, зачесал сзади на лоб часть жидких, седых волос и подвернул их завитушкой-хохолком, оделся в синий с золотом кафтан со звездами, пристегнул шпагу, прошелся по землянке – и куда делась сонливость и хилость! "Туалет солдата таков – встал и готов! – сказал Суворов.– Честь и хвала князю Потемкину, поубавил кукольных занятий у войска... но все еще немало осталось!" Граф покрылся шляпой с белым плюмажем, расправился, обернулся,– я его не узнал. Три ночи не спавший в переговорах с турками, шестидесятилетний старик, измученный душевной, никому не зримой борьбой и страдавший ревматиками раненой

70

ноги, глядел бодрым, выносливым, свежим и молодым. "Фазаны тут?" – спросил Суворов Прошку. "Тут",– ответил денщик. Так граф называл нарядных штабных. "Ну, теперь выкинет штуку,– подумал я, вспоминая выходки графа,– выскочит, крикнет петухом, чтобы разбудить дремлющий стан..."

– Господа, по местам! – сказал Суворов серьезно, торопливо взбираясь из землянки и направляясь к большому соседнему костру. Граф позвал назначенных заранее начальников, кое-кого из офицерства и сел у огня – дожидаться условного знака. Штурм, как все знали, был предположен до рассвета, по выпуске трех, с промежутками, сигнальных ракет.

Войско для взятия крепости было разделено на три отряда,– в каждом по три колонны. Правым крылом, или первым отрядом, командовал двоюродный брат светлейшего, муж Прасковьи Андреевны Потемкиной, генерал-поручик Потемкин; второе, левое, крыло было поручено племяннику князя Таврического, генерал-поручику Самойлову; третьим, от реки, командовал контр-адмирал Рибас. Начальниками подчиненных им колонн были генерал-майоры Львов, Мекноб, Ласси, Безбородко, Кутузов, Арсентьев; бригадиры Платов, Орлов, Марков и атаман запорожцев Чепига.

Костры шестой колонны Кутузова, бывшей в отряде Самойлова, светились красивыми правильными рядами слева, по холмам и спускам в лощину, подходившую здесь к самой реке.

Суворов, полулежа на примерзлой траве и кутаясь в бурку, отдавал последние приказания. Резкий, пронизывающий холодом и сыростью ветер, дувший с вечера, затих. В отблеске графского костра рисовалось несколько старых и молодых фигур, почтительно стоявших возле Александра Васильевича. В стороне, у смежных огней, слышалась французская бойкая, самоуверенная речь. Между говорившими я узнал прибывших в эти дни некоторых из агентов иностранных дворов и наспевших из ясской главной квартиры партикулярных вояжеров и волонтеров. На ковре, боком к огню, сидел белокурый и сильно близорукий, с приятной важной осанкой, сын известного принца Де-Линя. С ним оживленно спорил, сидя на корточках, в бархатном кофейном кафтане, в кружевных манжетах и огромном жабо, вертлявый и толстенький, с острым носом, эмигрант герцог Фронсак – впоследствии известный на юге России герцог Ришелье. Поодаль от них, в кругу обступивших его артиллерийских офицеров, прислонясь к пушечному лафету, полулежал на кучке соломы другой эмигрант, суровый и бледный, болевший лихорадкой и зубами и с подвязанной щекой, граф Ланжерон.

– Все это верно, все это так,– говорил он с расстановкой на родном языке, закрывая от боли глаза,– но мне, в конце концов, непонятна эта бесконечная война; столько погибнет жизней, прольется крови. И все, кажется, даром, вряд ли одолеем эту страшную машину смерти. Все европейские авторитеты сходятся в том, что Измаил положительно неприступен для штурма...

– А мы все-таки его возьмем и двинемся с триумфом к Константинополю! – с вызывающей усмешкой сказал, глядя на француза, невысокий, рыжеватый, с веснушками на лице, пехотный майор.

– Как, без союза с другими? – спросил, морщась и хватаясь за щеку, Ланжерон.

– С нами Суворов, кто против нас? – ответил несколько напыщенно майор.– Притом же...

– Нет, вы скажите, где ваши союзники? – резко перебил его эмигрант.– Их у России нет и быть не может... Оставляя страдания другим странам, допуская, извините, безбожников подрывать древние троны, веру...

Я пошел к другому костру.

– Безумные, несбыточные затеи, и притом – столько риску! – произнес в стороне, за лафетом, другой, как бы-знакомый мне голос, от которого я невольно вздрогнул.

Говорившего мне не было видно за окружавшими его...

"Неужели он? Мой заклятый враг? – пронеслось у меня в голове.– Граф Валерьян Зубов! Какими судьбами? За легкими отличиями или на помеху славного предприятия прислан из столицы? Но как мог, как решился его допустить сюда Потемкин?" Я хотел подойти, взглянуть ближе, не ошибся ли, как в то время меня кликнули к Суворову. Я нашел его в ту минуту, когда он, беседуя с командиром казаков Платовым, говорил ему, не стесняясь близостью иностранных вояжеров: "Каждый француз, батюшка Матвей Иваныч, по природе танцмейстер; вся сила у него в ногах, а не в голове..."

– Бехтеев,– сказал, завидя меня, граф,– съезди к Михаиле Ларионычу; пригасил бы он костры; туманит,– недолго до рассвета... пусть думают турки, что мы заснули... А в тумане, при огнях, команды не проглядели б сигналов.

Я вскочил на редкогривого донского мерина, на котором ездил в те дни, пробрался между пехотой и пушками и направился к передовой цепи шестой колонны. Сторожкий, сильно тряский конь, забирая рыси и натягивая поводья, въехал на лесистый бугор, проскакал вдоль казачьей цепи и бережно, между залегших секретов, стал спускаться в овраг, за которым виднелись огни отряда Кутузова.

"О, люди! – рассуждал я, пробираясь каменистым, темным дном оврага.– Он, могучий, на верху почестей и силы, он, светлейший, для которого, по его же словам, один токмо закон и одна в жизни цель – слава и честь обожаемой монархини,– мог так потеряться и упасть духом! Знает Зубовых, знает все их ничтожество, зло и зависть к себе – и уступает, заискивает в них. Одним дуновением, словом – пожелай только, явись хоть на миг обратно в столицу, и он развеял бы весь их жалкий, бездарный комплот,– а он покоряется, льстит, насланному брату кровного, смертельного врага оказывает почтение и решпект, видимо, отряжает его к столь священному, важному делу. И этот мальчишка, питерский шалберник и шаркун, его же столь подло критиканит. Ну, светлейший... еще понятно – дипломат; но Суворов? Он как согласился? Или и этот стойкий, крепкий столп прогнулся перед дуновением нелюбимого им питерского ветра?"

Я нашел Кутузова, отдал ему приказ главнокомандующего. Он ласково выслушал мое поручение, простился, перекрестив меня, сказал: "Ну, с Богом! Все будет выполнено; а жаль, что ты не у меня,– ну, да авось свидимся". Когда же я обратился вспять, он подошел ко мне, склонился к седлу и спросил вполголоса: "А что, Бехтеев, граф-то Валерьян Александрович при особе Александра Васильевича или получил особую команду?" На мой ответ, что ничего я о том не знаю, Кутузов прибавил с аттенцией: "Уважь, братец, передай его сиятельству, графу Валерьяну, мое высокопочитание и желание от былого знакомца всех отменнейших сим утром триумфов..."

Пока я возвращался к позиции главнокомандующего, костры вдоль всего фронта погасли один за другим. Настала общая торжественная тишина. Она длилась недолго.

В три часа взлетала первая сигнальная ракета,– все взялись за оружие. В четыре – другая, ряды построились. В пять – взвилась третья и, бороздя туман, глухо взорвалась в высоте. Все войско осенило себя крестным знамением и молча, с Суворовым впереди, двинулось к незримым в ночной тьме окопам и бастионам Измаила.

Конница расположилась на пушечный выстрел от крепости. Казаки, назначенные для первого натиска, взяли пики наперевес. Ни одна лошадь не ржала. Пушки, с обверченными соломой колесами, без звука заняв указанные места, снялись с передков. В их интервалы медленным густым строем стала продвигаться пехота. Суворов, окруженный штабом, появлялся то здесь, то там, ободряя подходившие полки, наставляя офицеров и перебрасываясь шутками с солдатами.

– Немогузнайки, вежливки, краснословки могут оставаться в резерве,– говорил он,– недомолвки, намеки и бестолковки на подмогу к ним поступят,– а мы, братцы, вперед...

— Пилаву, ребятушки, турецких орехов вон там вам припас! — говорил он, указывая на выдвигавшиеся из темноты очертания крепости.

— Ишшо рано, ваше сиятельство! — отвечали из ближних рядов.

— Врешь, Кострома,— шутил граф своим бойким, лапидарным слогом,— голодному есть, усталому на коврик сесть, а бедному дукатов не счесть!

"Го-го-го!" — любовно и радостно отвечал сдержанный смех по солдатским, уходившим в потемки рядам.

Войско без выстрела подошло и построилось в ста саженях от крепости. Суворов начал было речь к ближайшим: "Храбрые воины! Дважды мы подступали, в третий победим..." — да махнул рукой — ну, мол, их, красные слова,— и, только прибавив Платову: "Так постарайся же, голубчик Матвей Иваныч!" — дал знак начинать. На ближнем бастионе заметили русских. Там поднялась суета, раздались крики "алла!" — им ответили громким "ура!". Грянули первые, нестройные ружейные и пушечные выстрелы.

Миг — и земля кругом застонала от залпов осветившихся в пороховом дыму холмов и батарей.

С первым щелканьем картечи, брызнувшей по нашим рядам, егеря и казаки, таща лестницы, бросились к стенам. Глубокий ров, до половины залитый болотистой, вонючей водой, остановил передовую шеренгу. Залпы с бастиона освещали площадь и ров, где произошло это замедление. Суворов уж подтянул поводья кабардинца, хотел помчаться туда.

"Охотники, за мной!" — громко крикнул кто-то впереди замявшихся. Смотрю: размахивая новенькой, незадолго выписанной из Пешта шляпой, побежал ко рву мой недавний сожитель по палатке секунд-майор Неклюдов, которому гадала цыганка. "Прочь лестницы,— грудью, братцы, ура!" Он первый вскочил в ров, ближние за ним. Вон они уж на той стороне. Втыкая копья и штыки в насыпь, атакующие шеренги стали взбираться на вал. Егеря внизу осыпали выстрелами амбразуры редута. В отблеске наших светящихся бомб и турецких рвавшихся ракет было видно, как мокрый, испачканный тиной Неклюдов быстро карабкался по откосу бастиона. Ворвавшись в редут, он охриплым голосом вскрикнул: "С Богом, соколики! Наша взяла!" — воткнул над стеной полковое знамя и упал навзничь. Новенькая треуголка скатилась по эскарпу редута; он ранен навылет в грудь из ближней турецкой батареи.

В шесть часов утра взошла на вал вторая колонна Ласси. Первая Львова и третья Мекноба должны были ее подкрепить, но опоздали; Мекноб и Ласси одновременно и тяжело были ранены впереди своих полков. Ласси мог еще командовать. С простреленной рукой он повел далее свой отряд и штыками взял несколько батарей за Хотинскими воротами.

74

На левом фланге было хуже. Кутузов пробился сквозь уличные завалы, сквозь картечь и ятаганы янычар, предводимых братом крымского хана. Он овладел уж главным редутом, господствовавшим над этой частью города. Но сильный отряд спагов, поддержанный артиллерией и полком телохранителей сераскира, с распущенным зеленым знаменем зашел ему в тыл и стал охватывать как Кутузова, так и соседнюю колонну, бывшую под начальством раненного в ту минуту Безбородко.

Победа ускользала из рук наступавших. Осыпаемые гранатами, бомбами и пулями, солдаты замялись, стали отступать. В это время был убит пулей командир пехотного полоцкого полка Яцунский.

Молодой, русый, в светло-синей ряске, священник этого полка вскочил на разбитый бруствер, поднял крест и крикнул: "Что вы, братья? Ранили вашего вождя? С Богом, за мной! – вот ваш командир!.." Он бросился в улицу; ближние роты за ним; но опять бегут врассыпную назад. Полоса дыма рассеялась. Легли сотни. Синяя ряса священника виднелась в груде окровавленных тел.

В это время к Суворову подскакал знакомый мне адъютант Кутузова Кнох: "Дальше нет сил наступать; просят подкреплений.." Он не докончил реляции. Осколок лопнувшей вблизи гранаты ранил его в плечо.

– Бехтеев, аптечку сюда, аптечку! – крикнул, обращаясь ко мне, Суворов.– Костоеда на пальце треклятым изуверам! Да вот что... поезжай-ка к Кутузову и скажи: нет отступления! Я жалую его комендантом Измаила и уж послал курьера с вестью о взятии крепости...

"Благослови нас Бог!" – ответил на переданное мною Кутузов. Он потребовал к себе соседний херсонский полк и, едва тот к нему направился, скомандовал новый отчаянный натиск, опрокинул янычар и телохранителей сераскира и на их плечах, кладя через ручьи и каналы портативные мосты, ворвался в пылавший со всех концов город. Я не мог двинуться обратно. Меня стиснули и повлекли наступавшие далее и далее батальоны.

Невдали с оглушающим треском и гулом взлетел на воздух пороховой подвал, взорванный турками под оставленным ими бастионом. У моста горела мечеть, из окон и дверей которой гремели выстрелы засевшей там горстки турок. В конце улицы поднимался громадный черный столб дыма от зажженной нашими калеными ядрами главной казармы.

Меня с лошадью прижали к мостовой ограде, трещавшей под натиском проходивших частей. С криками: "Ну-ка, его! Так-то, жарь!" – и стреляя на пути через мост, валила пехота, за ней артиллерия, казаки и опять егеря. Картаульные единороги и дальнобойные кугорновские пушки снимались с передков, пешие расступались, и картечь с визгом хлестала по пустевшим, дымившимся улицам. Сзади через головы летели снаряды из казацких мортир. Еще взрыв и еще пожар. Под Суворовым были убиты две лошади. В восемь часов утра он сел на третью и при звуках труб, с полками святониколаевским, фанагорийским, малороссийским гренадерским и петербургским, прошел все предместья Измаила.

Начались перестрелка и страшная, беспощадная резня, на штыках и ятаганах, в улицах пылавшего со всех сторон города.

Целые роты янычар и эскадроны спагов бросали оружие и, став на колени, протягивали руки, с искаженными от страха лицами, моля о пощаде; "Аман, аман!" Суворов ехал молча, нахмуря брови, не глядя на них и как бы думая: "Сами захотели,– пробуйте!.." Остервенелые солдаты штыками, саблями и прикладами без сожаления клали в лужи крови тысячи поздно сдававшихся бойцов.

XI

Я почитал мою миссию к Кутузову оконченной. Его храбрый отряд выбил турок с указанных фортов и вошел в ближайшие улицы. Я подъехал к нему с целью узнать, что он прикажет дополнить к рапорту главнокомандующему. Михаилу Ларионыча я застал у какого-то сада. Прислонясь к корявому, дуплистому орешнику, он жадно пил добытую в соседнем колодце воду. Мундир на нем был расстегнут, обрызган грязью и кровью, коса расплелась, руки и лицо в пороховой копоти.

– Вон, за тем огородом, видишь? – объяснял он, переводя дух, отъезжавшему Гуськову.– Бери взвод, роту... не одолеешь, дай знать Платову...

Не успел он кончить, откуда-то с страшным сверлящим гулом и визгом налетел тяжелый снаряд. Что это было: граната, бомба или ядро? Перемахнув через сад, колодец и наши головы, снаряд обо что-то хлопнул и, не замеченный глазу, унесся далее. Лошадь Гуськова взвилась. Смотрю, он побледнел, стал склоняться с седла. Из обнаженного снарядом белого колена хлестал струей кровавый фонтан. Мы бросились к раненому.

– Бехтеев! – крикнул Кутузов.– В арсенале – видишь, две башни? – наши пленные... Турки их режут... Бери бугцев – вон за огородом... не опоздать бы, голубчик... именем моим...

Я поскакал к указанному месту. Что передумалось в те мгновения, трудно изобразить. Не скажу, чтоб я дорожил собственной жизнью; но мне мучительно было мыслить, что меня убьют на пути и я не достигну цели. Свистевшие вправо и влево пули, разрывавшиеся здесь и там гранаты я считал направленными именно в меня. "Как? Мне не удастся оказать помощь? Эти несчастные, и между ними, может быть, измученный голодом, цепями Ловцов..."

Я шпорил лошадь. Миновав один переулок, я достиг огорода. Невысокий, рыжеватый и толстенький майор, тот самый что спорил с Ланжероном об исходе войны, только что собрал рассеянную меж обгорелых избушек и дерев роту бугцев и, с оторванной фалдой, подняв шпагу в обмотанной чем-то, окровавленной руке, стал выводить солдат в опустелую, застилавшуюся дымом улицу.

– Изверг ты рода человеческого! – кричал майор, с выпяченными на веснушчатом лице, сердитыми глазами, обращаясь к плечистому, длинному, сконфуженно и робко шагавшему через грядки фельдфебелю.– Турчанка в шароварах ему, изволите видеть, понадобилась! Баб им, треклятым иродам, давайте! Сласти всякие, перины, чубуки! А ты прежде, распробестия, службу, а тогда и в задворки...

Подскакав к майору, я передал ордер Кутузова.

– Что ж, берите,– бешено крикнул он в досаде и на меня,– матушкины, тетушкины отлички! Все с налету-с!– продолжал он, озираясь на ходу.– Ты верой-правдой, а у тебя из-под носа...

Столб дыма и земляных комьев, как исполинский косматый куст, вдруг с треском вырос между грядок. Осколками разорвавшейся бомбы были замертво скошены и сердитый в веснушках, ругавшийся майор, и длинноногий, сконфуженный фельдфебель. Офицеров в роте больше не было.

– Стройся, сомкнись! – скомандовал я, слезая с лошади.– Левое плечо вперед, через плутонг, скорым шагом... марш! – Я повел роту к арсеналу.

Любовь к жизни, страх за жизнь с новой, еще большею силой загорелись во мне. "Нет, меня не убьют и не ранят!" – думал я, шагая улицей, загроможденной обломгками разрушенных и гудевших в зареве пожара зданий, трупами врагов и своих.

Где-то вправо трещала раскатистая, частая перестрелка мушкетов, ближе, за клубами дыма, летевшего поперек улицы, слышалась турецкая команда и настигающие волны близкого русского "ура". Команда и крики смолкли; очевидно, дело пошло на штыки.

Рота, предводимая мной, вышла на опустелую, обставленную каменными зданиями площадь. В глубине ее виднелся с двумя башнями обнесенный сквозной оградой арсенал. На столбах и выступах ограды висели трупы казненных. Среди площади догорал костер, и над ним на копьях торчали обгорелые, без носов и ушей, живьем замученные пленники. Один из страдальцев еще двигался.

— Видите, братцы, вот каковы изверги! — крикнул я.

— Не выдадим, выручим остальных,— подхватили егеря.

Я разделил роту на две части. Одну выстроил под прикрытием мечети, другую послал в обход арсенальной ограды. Надо было пройти площадь, на которую с незанятого русскими берегового редута с нашим появлением стали ложиться снаряды. Резерв двинулся в переулок. Остальных я повел двором, прилегавшим к арсеналу. На площади послышался конский топот. За решеткой показалась кучка наших всадников, скакавших в направлении к редуту. Впереди них мне бросился в глаза на небольшой караковой лошадке, в блестящем мундире гвардейский офицер. "Ужли опять он?" — подумал я, пораженный встречей.

— Опоздали графчики,— проговорил возле меня левый фланговый,— наши и пить турке не дадут...

Я оглянулся. Со двора было видно, как на зеленые откосы речного редута, точно муравьи, посыпались, поднимаясь выше и выше, самойловские егеря. Злое чувство еще злее сказалось во мне к обидчику, не желавшему мне дать сатисфакции. "И вот в то время,— подумал я,— когда эта горсть храбрых, не щадя себя, стремится исхитить от лютой гибели мучимых братьев, он спокойно гарцует, поспешая к лаврам, добываемым чужими руками. Ему бы, фанфарону, в ломбер теперь играть... Ловцов, друг мой! — прибавил я мысленно, взглядывая на окна арсенала.— Предчувствуешь ли ты, кому суждено тебя спасти?"

Толпа зейбеков, засев в окнах и на башенных крышах, стала осыпать нас выстрелами. Мы ворвались в арсенальный двор. У ворот лежал, с отрубленными руками, старик монах, захваченный при последнем отступлении Гудовича. На крыльце валялась обезглавленная болгарка-маркитантка. Возле был брошен, рассеченный, обнаженный ребенок. А в двух шагах от него, на углях, в чугунном горшке варился пилав с бараниной и кипел в котелке кофей.

Вид истерзанных мучеников остервенил солдат. Не слыша команды, они бросились к внутренним входам. Поражаемые пулями, падали, стремились встать и опять опускались. По ним, напирая друг на друга, бежали задние ряды. "Но кто же из них убьет меня? — думалось мне при виде свирепых, бородатых лиц, в чалмах и фесках, выглядывавших то здесь, то там и в упор стрелявших из-за прикрытия.— Чей выстрел, чья пуля сразит меня и навеки остановит мое так бьющееся сердце?"

В узкие окна правой башни повалил дым. Изнутри ясно слышались русские вопли: "Горим, горим!"

– Наши! Касатики! – гаркнули солдаты.– Лестницу, решетки ломать! – Егеря потащили от сарая какие-то жерди.

– В крайнее левое целься, бей на выстрел! – закричал я, бросившись к тем, которые стреляли из-за крылечного навеса. Я думал этими выстрелами прикрыть ладивших и поднимавших к башне лестницу.

Но мои мысли странно и резко вдруг прервались. Поднятая со шпагой правая рука бессильно повисла. В глазах все завертелось и спуталось; жерди, солдаты, клубы дыма, повалившего из окна, обезглавленная болгарка на крыльце и разрубленный надвое, курчавый, обнаженный ребенок.

Я, как помню, пробежал несколько шагов и, с жаждой воздуха, победы, жизни и общего счастья ухватясь за сдавленную и вдруг как-то страшно переставшую дышать грудь, бессильно и жалко, будто тот же ребенок, упал на чьи-то протянутые, в продырявленных и стоптанных сапогах, ноги. Мне почудилось, а может быть, и впоследствии о том слышал от других и принял это за действительность: двор арсенала огласился громким перекатистым "ура". Из-за башни гудел топот быстрых подбегающих ног. "Мой резерв",– подумал я, замирая в сладком забытьи.

Догадка моя оправдалась. Турки были сломлены и все до одного переколоты. Пленных спасли.

Не стану рассказывать, как я был поднят и доставлен на берег, на перевязочный пункт. Своим спасением я был обязан морякам Рибаса, взявшим город со стороны реки.

– Ну, как чувствуешь себя? – спросил меня кто-то в лазаретном шалаше, едва я очнулся от лихорадочного бреда.

Он, друг и товарищ детства Ловцов, был передо мной. Я не верил себе от радости, хотел говорить, но меня остановили. Лекарь, перевязавший раздробленную в локте мою руку, сильно опасался, от чрезмерной потери крови, за исход моего лечения.

Раненых некуда было девать. Вид их страданий разрывал душу. У одного был наискось рассечен череп, мозг выглядывал из-под окровавленных русых волос. У другого осколком гранаты была прострелена грудь: в отверстие раны было видно трепетавшее бледно-розовое легкое. Хорошенькому темноволосому адъютанту Мекноба, который в Яссах пленял всех, танцуя с молдавскими красавицами чардаш, отняли по колено ногу. Душный запах крови наполнял открытый с двух концов оперативный шалаш.

– Одначе держались и турки! – объяснял за мной Ловцову выбившийся из сил лекарь.– Капитан Гирей вывел пятерых сынов: всех их доконали платовские казаки; он последний свалился на трупы детей...

Тело сераскира насилу распознали в груде крошеного мяса... А сколько всех турок убито? – спросил лекарь подъехавшего штабного.

– Убито больше двадцати трех тысяч; в том числе насчитано шестьдесят пашей... Взято двести пятьдесят пушек и до четырехсот знамен...

– Кто же тебя освободил? – успел я спросить, вечером уж, в больнице, Ловцова.– Как это было? Ну объясни, кто взломал дверь, кто вошел первый?.. Ты знаешь... ведь... судьба...

Он медлил с ответом.

– Да не стесняйся... я вел, ох, знаю, и все-таки...

Он склонился к моему изголовью, оправил мне волосы, постель. Исхудалое, бледное, обросшее бородой его лицо было сумрачно, важно. В глазах виднелись слезы.

– Спас нас Тот,– сказал он,– Кто и тебе даст спасение. Он один... Ему одному...

– Да о чем ты?

– Помнишь, в ту ночь, в лагере – в палатке,– прошептал Ловцов, пригинаясь ко мне,– припомни, я говорил тебе, ручался... Ах, Савватий, все время в страданиях, в плену, я думал... Ее обманули, она не повинна ни в чем.

Я горячо пожал руку Ловцову. Отвечать не имел силы. Тысячи терзаний подступали к сердцу, и я искренно жалел, что не был в тот день убит наповал.

– Что делать с городом? – спросили Суворова по взятии Измаила.

– Дело прискорбное и – помилуй Бог! – моему сердцу зело противное,– ответил он,– но должна быть острастка извергам в роды родов... Отдать его во власть, на двадцать четыре часа, в полное расположение армии...

Добычи было захвачено солдатами в Измаиле больше чем на два миллиона. Солдаты носили в обоз жемчуг рукавицами. Во многих русских селах долго потом встречались арабчики-червонцы, персидские ковры и шелка.

Граф Александр Васильевич послал фельдмаршалу в Яссы рапорт о штурме: "Российские знамена на стенах Измаила". Государыне он отправил особое донесение: "Гордый Измаил пал к стопам Вашего Величества".

Наутро в Измаиле, в церкви греческого монастыря святого Иоанна, пелся благодарственный молебен. Умерший от раны генерал Мекноб был похоронен рядом с убитыми Вейсманом и Рибопьером.

Шесть дней очищали город от трупов и обломков сгоревших и разрушенных канонадою зданий. Раненых разместили в двух уцелевших кварталах. Был пир на корабле у Рибаса. Гремел гимн "Славься сим, Екатерина". Салютовали пушки.

Спустя неделю генералитет и прочее начальство пировали на квартире Павла Сергеевича Потемкина. Здесь Суворов узнал от племянника светлейшего о сдержанных, хотя и благосклонных на его счет выражениях в реляции Таврического императрице о штурме Измаила. Более ж всего его обидело то, что решили далее к Стамбулу не идти и что князь послал с донесением в Петербург не кого-либо из действительно заслуживших эту порученность, а брата своего соперника, графа Валерьяна Зубова. Суворов, по обычаю, смолчал, но выразил свой достойный гнев иным, присущим ему способом.

– Шут, блюдолиз, двуличка, виляйка! – напустился он вдруг на своего слугу Бондарчука, служившего за обедом у Павла Сергеевича.– Дистракция, субординация! Подаешь не по чинам. Высока лествица воинского чиноначалия! С них начинай,– указал он на сидевших в конце стола обер-офицеров,– им и карты в руки, а мы с тобою здесь капральство, последние...

Встав из-за стола, Суворов отдал генералам последние распоряжения, велел опять привести себе простую казацкую лошадь, велел Бондарчуку вздуть свою походную кадильничку и окурить себя ладаном, надел бараний тулуп и верхом, в сопровождении слуги, отправился обратно в Галац, куда его фанагорийцы шли на зимние квартиры, В лазаретах развились повальные горячки. Больных стали вывозить в соседние города. Я этого уж не помнил, так как заболел из первых. Между офицерством тогда пошла по рукам и читалась тайком в палатках сатира острослова Павла Дмитриевича Цицианова: "Беседа российских солдат в царстве мертвых". Здесь в разговоре убитых на войне солдат, Двужильного и Статного, была изложена весьма едкая критика на бывший штурм и на Потемкина.

Встреча победителя Измаила с фельдмаршалом произошла в конце декабря того же, 1790 года. О ней мне впоследствии передал Бауэр.

Желая пристойными почестями салютовать подчиненного себе вождя, Потемкин решил принять к тому подобающие меры. Он послал в Галац фельдъегеря с приглашением Суворову, буде он кончил должное по времени года расквартирование войск, явиться к нему в Яссы.

В ожидании именитого гостя князь Григорий Александрович распорядился изготовить для мужской и дамской части своей свиты парадный обед с певчими и с вечерним, нарочито приспособленным, балетным спектаклем; город же велел украсить флагами, иллюминацией и триумфальными из декораций воротами.

Расставя от въезда в Яссы и вплоть до своей квартиры нарочных махальных, Потемкин препоручил адъютанту Бауэру доложить, лишь только генерал-аншеф покажется на улицах города. Тот засел в зале, откуда дорога была видна на версту.

Суворов между тем спутал все эти затеи и предположения. Его ждали в приличном его званию и летам рессорном калёше, а он прибыл на паре фурлейтских, и притом ночью, в рогожаной, аки бы поповской долгуше. Упряжь была в шорах, но веревочная. На запятках сидел, в польском жупане, с вылетами, престарелый инвалид, на козлах кучер, в широкополой молдаванской шляпе и в овчинном, до пят, балахоне. Рано утром из самобеднейшего арнаутского квартала генерал-аншеф тем же цугом двинулся к разукрашенной резиденции светлейшего.

Сметливый Бауэр угадал ожидаемого гостя как по странной форме ковылявшей рогожаной долгуши, так и по необычному хлопанью в княжеских воротах кучерского, длинного бича. Он предупредил фельдмаршала.

Князь Григорий Александрович бросился из комнат на парадное крыльцо, но не успел сойти и с первых ступеней, как увидел уж перед собой Суворова.

– Чем могу, сердечно чтимый мой друг, Александр Васильич,– сказал он в искреннем волнении, обнимая графа,– чем должен наградить вас за ваши заслуги?

– Друг, друг? – заспешил, взбегая с оглядкой на крыльцо и закашливаясь, Суворов.– Нет, ваша светлость! Что же, помилуйте-с... - Я не купец и не приехал с вами торговаться... Не идти далее? Прочь Стамбул? Ну и шабаш... И окромя Бога и моей всемилостивейшей монархини никто наградить меня не может, никто...

Князь изменился в лице. Отступя, он сказал только: "От тебя ли слышу?" – но видя, что гость молчит, обернулся и молча пошел в залу. Там Суворов вручил ему формальный о ходе дел рапорт. Светлейший не взглянул в бумагу.

– Публика верхнего парламента не одобрит? Министерия в суете и колеблется дальше идти? – спросил, гордо выпрямляясь и зажмурив глаза, Суворов.– Мужайтесь, князь... Не придворные наветы... ваш гений... История помянет вечным признанием ваши труды...

В январе следующего, 1791 года граф Суворов по зову императрицы явился в Петербург. Государыня приняла его среди первых лиц двора отменно внимательно и пригласила его к столу...

– Где желаешь, батюшка граф, быть наместником?– спросила Екатерина за тостом в честь его побед, поставя здесь же в лавровом венке выписанный из Англии бюст нашего политического пособника, оратора Фокса.

– И, матушка царица,– ответил, склоня голову, граф,– ты слишком любишь своих подданных, чтоб наказать мною какую-либо провинцию. Я чудак, мальчишка, Алкивиад! Знаю тысячу гримас, проказ. Родился от мушкета, дай и кончить жизнь солдатом.

Потемкин, разгневавшись в Яссах на Суворова, уж более ему не прощал. Самый вызов победителя Измаила в столицу ему не нравился. Он высказался против пожалования Суворову фельдмаршальского жезла и предоставил; ему за славный подвиг только чин подполковника Преображенского полка.

В феврале светлейший также поехал в Петербург, как выражался, с целью вырвать больной зуб.

В конце апреля он устроил для императорского дома свой знаменитый пир в Конно-гвардейском, впоследствии Таврическом дворце, где в торжество покорения Измаильской крепости предполагалось представить государыне пленных пашей. Присутствие в столице главного виновника достигнутой победы стесняло князя. За три дня до этого праздника Екатерина, будто невзначай, сказала на вечернем собрании в эрмитаже Суворову:

– Я вас, батюшка Александр Васильич, препозирую в Финляндию для осмотра и укрепления тамошних границ. Что скажете на это?

Суворов молча припал к руке императрицы, у коей от невольной алтерации красные пятна выступили на щеках. Возвратившись домой, он послал за почтовыми, сел в тележку, доскакал в одну ночь до Выборга и утром оттуда послал с курьером государыне письмо: "Жду повелений твоих, матушка!"

Там – до времени – графа и оставили.

XII

Четырехлетняя, предпринятая с такими надеждами и силами, война с Турцией завершилась почти ничем. Поддержанная Англией, Голландией и Пруссией, опасавшимися возрастания России, Оттоманская Порта отвергла мирные условия русских и решилась продолжать войну. Репнин, оставленный на Дунае Потемкиным, 27 июля 1791 года разбил визиря наголову под Мачином. Через три дня после этой победы он заключил окончательный с Турцией мир. Австрийский император подписал с Портой мирный договор позднее, в августе, в Систове.

Россия потеряла много людей и денег, а гора родила мышь; мы остались при том же, чем начали. "La guerre est une vilaine chose, monsieur!"[5] – писала Екатерина Вольтеру о турецкой войне.

Недолго затем здравствовал светлейший. Рубеж исполинского шествия к славе был им пройден. Он не мог легко пережить разбитых вдребезги гордых мечтаний своих и обожаемой монархини. Новая Восточная система, великая мысль восстановления древней Византийской империи должны были кануть с того времени в реку забвения. Молва язвила его, будто он стремился длить войну с целью освободить Молдавию и Валахию и, сняв с них турецкое ярмо, сделаться с своим потомством их всевластным и независимым от России господарем.

Из Петербурга Потемкин выехал раздраженный и убитый духом, тем более что не успел сломить и грозного ему возрастания партии Зубовых. Перед выездом он занимался разными приметами, толковал предчувствия, сны. Прибыв в Яссы, князь заболел молдавской злою лихорадкой и уж более не поправлялся. Он вспоминал столичные пиры, жалея, что не вдоволь ими насытился, так как вдруг получил странное убеждение, что доживает последние дни.

Случился потом весьма печальный, имевший на князя неотразимое влияние, казус. В августе в Галаце скончался покровительствуемый им генерал, брат супруги цесаревича, принц Вюртембергский. На отпевании принца Потемкин вышел из церкви туча тучею. Больной и утомленный давкой и духотой, он в рассеянности вместо своих дрожек сел на траурные, гробовые дроги, поданные для покойника. Воображение его было этим так потрясено, что он лишился сна и стал на себя не похож. Постоянная взволнованность и несоблюдение диеты вызвали нервическую горячку. Князь рвался к своей любимой Новороссии...

Подписав дрожащей рукой инструкции Самойлову, он в сопровождении своей племянницы, молодой графини Браницкой, и правителя канцелярии Попова выехал чуть живой в Николаев. В сорока верстах от Ясс он почувствовал приближение кончины.

Было теплое, тихое, осеннее утро...

Светлейший стал безмерно метаться и тревожиться. Со словами: "Теперь некуда больше ехать... Стойте! Хочу умереть в поле!" – он велел вынести себя из кареты. На траве из казацких дротиков и ковров устроили шатер, возле наскоро разостлали белый фельдмаршальский плащ князя. Он обратил взор на безоблачное небо, обнял подаренный государыней

---

[5] Война – ужасная вещь, месье (фр.).

походный образок Спаса, проговорил: "Прости, милосердная мать государыня!" – и тихо скончался на руках плачущей красавицы графини Браницкой.

Узнав о смерти светлейшего, Суворов прослезился и сказал: "Се человек – образ мирской суеты! Помилуй Бог!.. Беги от него, мудрый! А что до наших замыслов о Турции, не мы исполним высокую задачу, наши внуки, правнуки..."

С другими больными и раненными на штурме Измаила меня препроводили в конце декабря 1790 года в Галац. Я пришел в полное сознание и стал оправляться лишь в начале февраля. Подживление раздробленной руки, задержанное горячкой, пошло успешнее с весенним воздухом и теплом.

Квартировал я в небольшом уютном домике, невдали от опустелой квартиры Суворова. Дунай освободился от льда. Наступил март. Кто выздоравливал, спешил на почтовых и по реке на родину, откуда так редко в то время доходили вести. Я давно не имел писем от матери.

Пользуясь разрешением прогулок на воздухе, я пробирался с забинтованной рукой на берег, садился у пристани и в ожидании срочных австрийских судов, весьма неаккуратно развозивших почту, по целым часам глядел в синюю даль, думая о родине и обо всем, что я в ней оставил.

Однажды – это было перед вечером,– тщетно прождав или проглядев почтовый парус, я пришел утомленный на квартиру, велел поставить самовар, сел у окна в кресло и заснул. Мне грезилась Гатчина, отпускавший меня великий князь-цесаревич, мать, советовавшая забыть изменницу, усадьба Горок, Ажигины. Долго ли спал я, не знаю, только почувствовал, что меня будят. Открыл глаза, передо мною денщик Якуш, из родных владимирцев.

– Что тебе? – спросил я, неясно различая в примеркшей комнате его лицо.

– Ваше благородие спрашивают,– как-то странно озираясь и вполголоса ответил обыкновенно невыносимо басивший Якуш.

– Кто?.. Да говори же, ах! Что там?

– Письмо-с,– проговорил он, подавая пакет.

"Уж не хватил ли через край, с хозяйкой, ракии? – подумал я.– От родителей! – добавил я в мыслях, вскрывая пакет.– Наконец-то, после столь долгих ожиданий. Здоровы ль они, дорогие, и знают ли, что мы скоро увидимся, что моему пребыванию на Дунае вот-вот конец?"

Поднеся письмо к окну, еще освещенному лучами заката, я стал его читать, протер глаза, опять взглянул в бумагу и чуть ее не выронил.

Письмо было за подписью обер-камердинера его высочества, Ивана Павловича Кутайсова, но, разумеется, сочинено не им, а кем-либо из приближенных к государю-цесаревичу сановников. Во всяком же случае по его слогу прошлось перо и более высокой особы.

Так в то время писывались цидулы не к одному из осчастливленных службой при великом князе Павле Петровиче. Вот его копия:

"Господин, его высочества гатчинских морских батальонов, бывший мичман, Бехтеев! Вы и вдали от нас, в походах и в битвах с неверными, паче ж всего прочего, при славном штурмовании измаильской, сильной фортеции, где притом тяжело и ранены,– не уронили чести знамени, коему служите. Оправдав во всем, как подобает достойному российскому гражданину, возлагавшиеся на вас веления начальства и надежды всех, знающих ваш нравственный квалитет, не пошли по стопам хлебоядцев, токмо вертящихся на пирушках и в контратанцах, и тем дали прежнему вашему ближайшему командиру приятный долг – утруждать о вас вселюбезнейшую нашу и свято чтимую всеми государыню, родительницу его высочества. Генерал-аншеф, граф Суворов, благосклонно поддержал о вас аттестацию. А посему спешу тебя, старый знакомец, обрадовать: вы вчера произведены, не в пример прочим, в секунд-майоры и получили анненский третьей степени крест, а сегодня назначены, с соизволения и по мысли графа Александра Васильевича, буде ваше здоровье то дозволит и в том изъявите довольство – командиром второго батальона бугских стрелков, с коими вы столь мужественно отбили в оной фортеции российских, военного и статского звания, пленников. А теперь скажу тебе конфиденциально и некую приватную просьбу. Государь-наследник и великая княгиня, его супруга, навели точные и несомненные справки о поступившей пепиньеркой в воспитательный, для круглых сирот дом, вашей знакомке, достойной девице из дворян, Прасковье Львовне Ажигиной. Великая княгиня узнала ее редкий, чистый нрав и высокие добродетели. Госпожа Ажигина ни перед Богом, ни перед тобой ни в чем не повинна. Случай с нею был особливо фатальный и против ее воли. Прости ее, как она сама, столько претерпев, простила в душе своего оскорбителя. Забудь все, и да не зайдет солнце в гневе твоем. Господин секунд-майор и господин Бехтеев! Две некие, высокого ранга, ведомые вам персоны просят вас принять препозицию сватов и не отказать в руке бывшей вашей невесте. Господь да благословит ее и тебя, голубчик, на многие лета и долгое счастье. За сим есмь, впрочем, всепокорный и отменно готовый к услугам вам Иван Кутайсов. Гатчина. Марта второго 1791 года". Приписка: "А подателем сего угадаешь ли, кто вызвался быть?"

– Где? Где? – вскрикнул я, не помня себя и опрометью бросаясь к двери.

В стемневшей, тесной горенке что-то в дорожной, темной и смятой одежде прошумело от порога и с воплем повисло у меня на груди. Я обхватил, прижал исхудалую, безмолвную гостью, привлек к окну дорогое заплаканное лицо, силясь прочесть на нем мою радость, счастье...

– Прости меня, Саввушка,– проговорила, обнимая меня, Пашута,– я тебя никогда, никогда не переставала любить.

Свадьбу мы сыграли в мае в Горках, куда мне дали полугодовой, для поправления здоровья, отпуск. Туда приехали и мои родители. Великий князь Павел Петрович прислал в презент новобрачной чайный, севрского фарфора, сервиз, а мне в миниатюре весьма схожий, из слоновой кости, свой портрет. Отец, благодаря заступничеству Потемкина, успел окончательно спасти наше имение от захвата старого графа Зубова и был в отменном духе. На свадебном бале он танцевал гавот с моей тещей. Мать, узнав невестку, охотно с ней примирилась, а с моей тещей дружески сыграла шесть партий в макао и в модный тогда гаммон. После бала сожгли фейерверк в саду у грота, над прудом. Веселье было на целый уезд.

Во время иллюминации Пашута взяла меня под руку и, неприметно для прочих, провела верхними аллеями к дому, где на цветочной площадке я в памятную тяжелую ночь, едучи на Дунай, обломал и выдернул посаженный нами когда-то дубок.

– Вот он,– сказала Пашута, подведя меня, меж сиреневых и розовых кустов, к средине площадки,– он цел! Я нашла его тогда утром, вновь посадила и вырастила моими слезами и молитвами о тебе...

Прошло девять лет. Я был вполне счастлив с Пашутой. Какая это была жена и мать и как я ее любил!

В последний год царствования незабвенного для меня, рыцарски возвышенного и столь мало оцененного современным миром императора Павла я был произведен в премьер-майоры и вскоре назначен командиром фанагорийского полка. Покоритель Измаила уже отошел в вечность.

Как истый россиянин, я решил поклониться праху бессмертного, всеместного победителя и кстати отвезти из Бендер в кадеты в северную столицу, где так давно не был, старшего, восьмилетнего моего сына Сергея, на память коему впоследствии я озаботился стать сочинителем и сей гистории. Соверша оную поездку, я мнил самую близость моего жизненного разрушения соделать безмятежною и мирною.

Был март 1801 года. Прибыв в Петербург, я осмелился искать счастья представиться императору Павлу, для чего и записался в приемной графа Ивана Павловича Кутайсова. Петербург стал неузнаваем. Вместо пышности – простота, вместо веселья, карт, попоек – служба, суровость, дисциплина, тишина. Новые лица властвовали, новые партии складывались...

Государь не замедлил назначить мне аудиенцию. Это было в недавно отстроенном Михайловском дворце. Я не узнал Павла Петровича. Куда делся светлый, как бы окрыленный взор, некогда стремившийся к Дунаю вслед за суворовскими орлами? Куда делись легкая, статная походка и этот в бархатном колете всадник, скакавший на своем белом Помпоне по мирным гатчинским садам? Передо мною был озабоченный, в суровых морщинах и приметно поседевший от немолчных тревог, венчанный делец.

– Полковник Бехтеев! Очень рад! – сказал император, приветливо поднимаясь навстречу мне от груды бумаг.– Рад видеть старого гатчинца. Ну как живешь, что семейство, жена?

Тут усталые, когда-то живые и ясные глаза Павла Петровича засветились знакомою, мягкой улыбкой.

– Ты счастливее меня,– проговорил он, выслушав мои ответы на ряд быстрых, отрывистых вопросов.

После некоторых воспоминаний о Гатчине и о суворовских походах в Италию и Францию государь задумался, тревожно прошелся по комнате и, пристально взглянув на меня, произнес:

– Бехтеев! Я знаю о твоей поездке в Париж.

Я почтительно склонился.

– Ты дельный, исполнительный человек. Понадобишься мне. Не забуду тебя, пришлю за тобой.

Тем первое свидание кончилось. Дня через два за мной явился курьер. Тот же благосклонный прием и то же обнадежение высокой милостью. Покончив чтение какой-то присланной от канцлера бумаги, государь подошел к окну, взглянул на Летний сад, видневшийся из дворца, и по некоторой паузе изволил промолвить, что посылает с повелением к наказному атаману войска Донского Орлову, с изготовленными дополнительными планами и маршрутами к Инду и Гангесу...

Я ушам своим не верил. Величие и смелость решенного, почти легендарного предприятия ошеломили, подавили меня. Глубоко тронутый доверием и новою милостью монарха, я возвратился на...

Здесь "Записки Бехтеева" прекращаются. Конец рукописи был, очевидно, впоследствии кем-то оторван и, сколько о том ни старались, не найден нигде.

Посетив В** губернию, я осведомился о поместье, принадлежавшем в прошлом веке роду Ажигиных. Деревня Горки существует и доныне и находится во владении Петра Сергеевича Бехтеева, внука автора здесь приведенных мемуаров.

Еще бодрый, румяный, с седыми усами и с такою же окладистой бородой, шестидесятилетний старик Петр Сергеич, узнав цель моего заезда, принял меня очень радушно. Я попал в Горках на семейный праздник, а именно на день рождения семилетней внучки хозяина Фленушки.

Виновница праздника была, очевидно, любимицей всей семьи. Познакомясь со мной, она подвела меня к двум фамильным портретам, изображавшим красивую, в напудренной, высокой прическе, сухощавую даму и добродушного, полного, с красным отложным воротом и одним эполетом мужчину.

– Это моя прабабушка, а вот ее муж! – сказала быстроглазая, коротко остриженная и живая Фленушка, взглядывая сбоку, какое впечатление произведут на меня ее слова.– Прадедушка был добрый, а она... злюка.

– Почему? – удивился я.

– Она... ах, нет! То не она, а другая прабабушка! Та бросила жениха и не любила кошек... а вы любите?

– Этот ребенок так все замечает и ничего не боится! – поспешила мне объяснить, отведя меня, мать Фленушки.– Представьте, недавно я призвала управляющего и говорю – выкосите в саду на полянах траву, там много ящериц, Флена увидит и еще испугается. А она тут же запустила руку в фартук и мне в ответ: "Помилуйте, мама, у меня уж два дня вот живая ящерица в кармане, и я ее кормлю сахаром".

– Сущая, кажется, Пашута,– сказал я.

– Кто это?

– Да ее прабабушка,– ответил я, разглядывая портрет напудренной дамы.

Семья Бехтеевых, как и весь этот, точно забытый временем угол, была очень симпатична и своеобразна. Каменный старинный дом, с цветными изразцами печей, с семилоровыми часами, с отделанной в бронзу мебелью и венецианскими, в стеклянных рамах, зеркалами, так и веял прошлым веком. Говорили о начавшейся войне с турками, о переходе Дуная и Балкан. Сын хозяина, отец Фленушки, был в действующей армии, писал о Тырнове, о Шипке. О нем говорили сдержанно, робко. Известий о нем давно уж не было. На мой вопрос, как кончил жизнь Савватий Ильич, мне ответили, что он был убит под Бородином. Его сын Сергей, отец нынешнего владельца Горок, служил в двадцатых годах во флоте и умер в Италии, раненный в Наваринском бою.

Существования привезенных мною записок никто не подозревал. Их чтение было устроено в портретной, в кругу всей семьи. Я и невестка Петра Сергеича, бывшая смолянка, читали вслух по очереди. Старинные портреты работы Тишбейна, Левицкого и их учеников, как живые, приветливо глядели из потемневших фигурных рам.

После первых глав рукописи Фленушка засуетилась, сбегала куда-то и, принеся свежий дубовый листок, молча положила его передо мной. Выслушав конец записок, она принесла фарфоровую, разрисованную чашку.

– Я не забыла прабабушки,– сказала она,– какая она добрая! Теперь я никогда, никогда...

– Не бросишь жениха? – спросил внучку с густым простодушным смехом дед.– А вот ты лучше покажи гостю Дунюшкин сундук...

Девочка молча прижалась к матери.

Дунюшка полвека сряду была слугой в этом доме, и в ее сундуке, оставшемся десять лет назад после ее смерти, хранились между разным хламом семейные бумаги Бехтеевых, связки писем, лечебники, травники и пр. Флена любила рыться в кладовой в этом сундуке, разобрать документы которого хозяева все откладывали.

В тот же вечер вся семья собралась к чаю на цветочную площадку, под дубом. На чайный стол был поставлен жалованный, с пастушками и амурами, севрский сервиз. Толковали о Потемкине, Суворове, о Екатерине и Павле.

Освещенный ярким летним багрецом на маковке и сбоку от пруда, столетний, снизу стемневший дуб далеко простирал свои ветви над поминавшей давние, забытые годы семьей.

www.ingramcontent.com/pod-product-compliance
Lightning Source LLC
Chambersburg PA
CBHW030238180626
46810CB00008B/3185